MÁRIO MASCARENHAS

MÉTODO RÁPIDO PARA TOCAR TECLADO

DE OUVIDO E POR MÚSICA

3º VOLUME

SOLOS PARA TECLADO

Nº Cat.:336-M

Irmãos Vitale Editores Ltda.
vitale.com.br
Rua Raposo Tavares, 85 São Paulo SP
CEP: 04704-110 editora@vitale.com.br Tel.: 11 5081-9499

© Copyright 1993 by Irmãos Vitale Editores Ltda. - São Paulo - Rio de Janeiro - Brasil.
Todos os direitos autorais reservados para todos os países. *All rights reserved*.

*Se alguém me pedisse uma prova de que Deus existe, eu responderia:
entre as infinitas provas, posso citar uma:
a divina música.*

Mário Mascarenhas

Agradecimentos

Meus sinceros agradecimentos a todos os professores de música, alunos e amigos.

Agradeço o admirável e carinhoso acolhimento do povo brasileiro, musical por natureza, que sempre me estimulou ao longo da minha carreira artística. É esse reconhecimento emocionante, minha maior recompensa, que me faz seguir em frente na difícil arte de elaborar livros didáticos musicais.

Créditos

Revisão musical: Enzo Pietro Riccio e Belmira Cardoso
Sugestões de registros: Ana Cristina de Paula
Revisão ortográfica (2009): Marcos Roque
Design gráfico: SAD Editora Musical
Editoração eletrônica (2009): Wiliam Kobata

Prefácio

Desde a evolução humana, os instrumentos musicais têm sido modificados e aperfeiçoados. O homem primitivo exprimia-se musicalmente com objetos criados pela própria natureza, como pedras, troncos de árvores, bambus, entre outros, até atingir a época das liras e harpas da Grécia antiga. Mais tarde surgiram as balalaicas da Rússia, os exóticos tímpanos e tambores do Egito. Enfim, a evolução nos trouxe os instrumentos atuais.

Temos, nos dias de hoje, o teclado. Com ele, podemos manifestar de maneira fácil os ímpetos mais profundos da nossa alma.

Com sua beleza sonora, facilidade de execução e transporte, o teclado se tornou uma verdadeira "tecladomania".

Devido ao grande sucesso dos volumes 1 e 2, tenho a grata satisfação de apresentar o 3º volume deste *Método rápido para tocar teclado*. Você se deleitará com as belas canções selecionadas.

ÍNDICE

A canção do Moulin Rouge (G. Auric/W. Engvick) 9
Aquellos ojos verdes (N. Menendez/A. Utrera) 20
Bandeira branca (M. Nunes/L. Alves) 43
Blue moon (R. Rodgers/L. Hart) 26
Bolero de Ravel (M. Ravel) 48
Cabecinha no ombro (P. Borges) 34
Carinhoso (Pixinguinha /João de Barro) 44
Caruso (L. Dalla) 16
Cerejeiras em flor (folclore japonês) 8
Cidade maravilhosa (A. Filho) 40
De volta pro aconchego (Dominguinhos/Nando Cordel) 36
É o amor (Zezé di Camargo) 12
Emoções (R. Carlos/E. Carlos) 46
Estão voltando as flores (P. Soledade) 38
Hymne à l'amour (M. Monnot/ E. Piaf) 32
Jalousie (J. Gade) 24
Love is a many splendored thing (S. Fain/P. F. Webster) 27
Love is all (L. Reed/ B. Mason) 28
Malagueña (E. Ramirez/P. Galindo) 18
Não aprendi dizer adeus (J. Marques) 14
Nesta rua mora um anjo (folclore brasileiro) 5
Ô abre alas (Chiquinha Gonzaga) 52
Old folks at home (folclore americano) 8
Pequeno pot-pourri de Strauss (J. Strauss II) 10
Que rest t'il de nos amours? (C. Trenet) 30
Rapsódia sobre um tema de Paganini (S. Rachmaninoff) 21
Serra da boa esperança (L. Babo) 42
Smoke gets in your eyes (J. Kern/O. Harbach) 29
Solamente una vez (A. Lara) 17
Uno (M. Mores/E. S. Discépolo) 22
Vira (folclore português) 6

Dicionário de ritmos básicos populares *53*
Dicionário de acordes cifrados para teclado *55*

Solo: Vibrafone
Ritmo: Waltz
Acordes parados
Baixos automáticos

NESTA RUA MORA UM ANJO

Folclore brasileiro

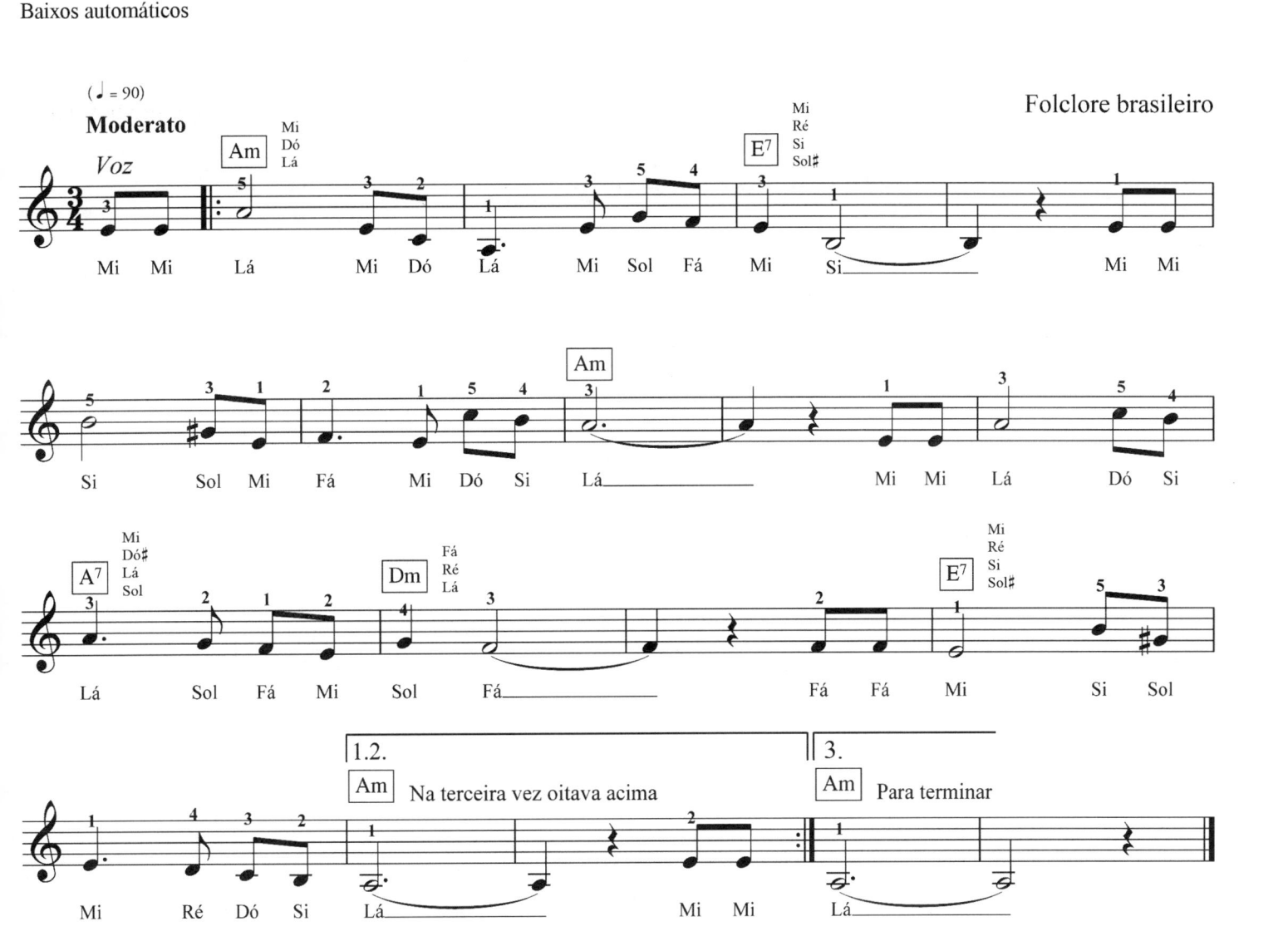

Tom: *Lá menor*
Am – E7 – Am

         Am   E7
Nesta rua, nesta rua mora um anjo
                            Am
Que se chama, que se chama solidão
         A7   Dm
Nesta rua, nesta rua mora um anjo
     E7   Am
Que roubou, que roubou meu coração

    Am   E7
Se esta rua, se esta rua fosse minha
                Am
Eu mandava, eu mandava ladrilhar
          A7   Dm
Com pedrinhas, com pedrinhas de brilhantes
     E7   Am
Para o meu, para o meu amor passar

    Am   E7
Se roubei, se roubei teu coração
                   Am
É porque tu roubaste o meu também
          A7   Dm
Se roubei, se roubei teu coração
   E7   Am
É porque, é porque te quero bem

Solo: Acoustic guitar
Ritmo: Waltz
Acordes parados
Baixos automáticos

VIRA

Folclore português

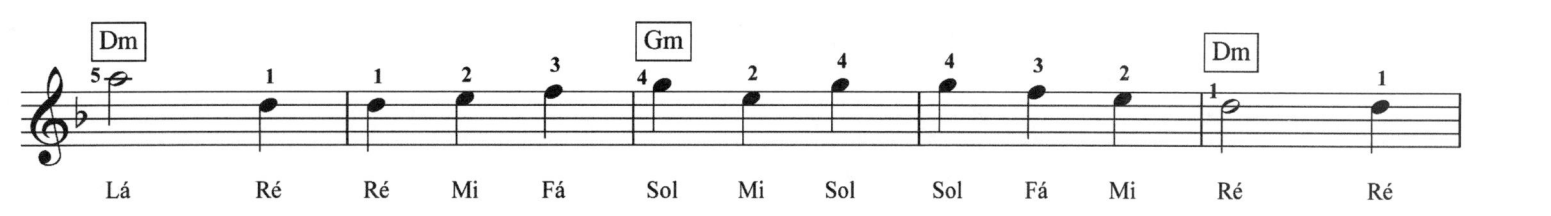

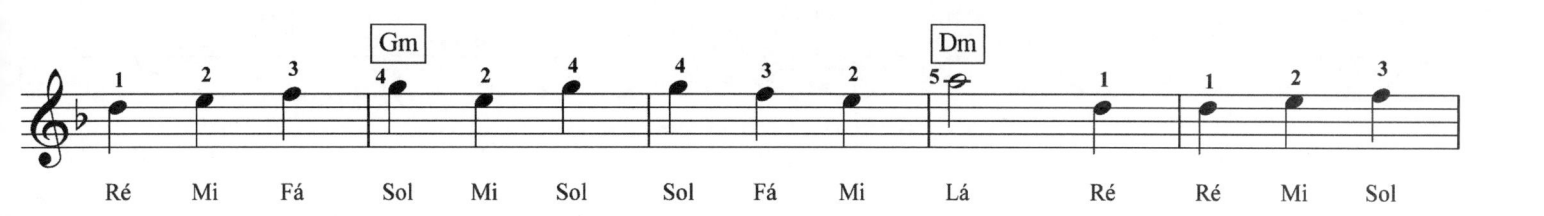

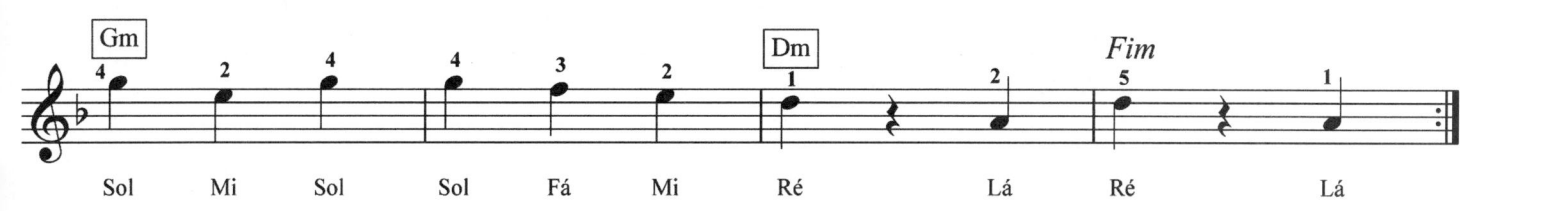

Tom: Ré menor

Dm – A7 – Dm

Dm
Meninas, vamos ao Vira
      A7   Dm
Ai! Que o Vira é coisa boa
Dm
Meninas, vamos ao Vira
      A7   Dm
Ai! Que o Vira é coisa boa

(Bis)
    Gm   Dm
Eu já vi dançar o vira
    A7   Dm
As meninas lá de Lisboa

Estribilho:
Dm   Gm   A7   Dm
Ô vira que vira e torna a virar
          A7   Dm
As voltas do vira são boas de dar
Dm   Gm   A7   Dm
Ô vira que vira e torna a virar
          A7   Dm
As voltas do vira são boas de dar

Dm
Meninas, vamos ao Vira
      A7   Dm
Que o Vira é coisa linda
Dm
Meninas, vamos ao Vira
      A7   Dm
Porque o Vira é coisa linda
   Gm   Dm
Eu já vi dançar o vira
    A7   Dm
As meninas lá de Coimbra
   Gm   Dm
Eu já vi dançar o vira
    A7   Dm
As meninas lá de Coimbra

Estribilho:
(Bis)
       Gm   Dm
Ô vira que vira que o vira virou
        A7   Dm
As voltas do vira sou eu quem as dou

CEREJEIRAS EM FLOR

Solo: Strings
Ritmo: Pops
Acordes parados
Baixos automáticos

(♩ = 82)
Moderato

Folclore japonês

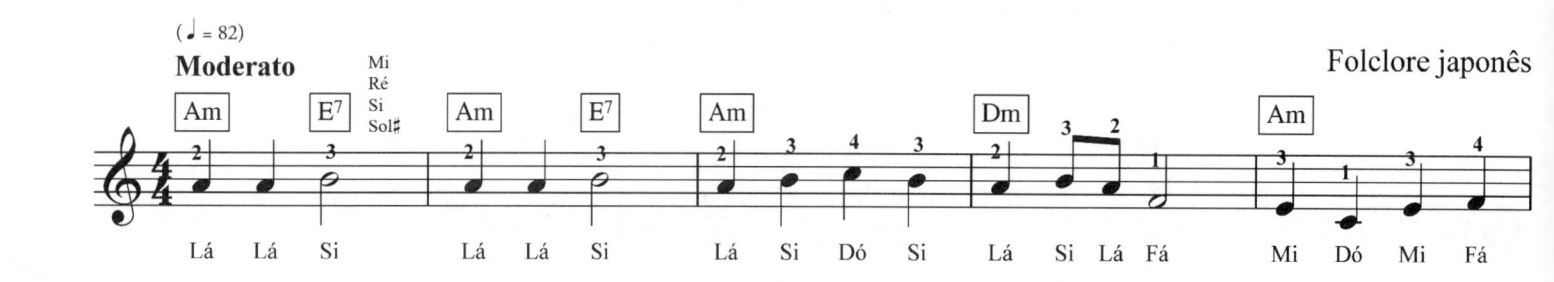

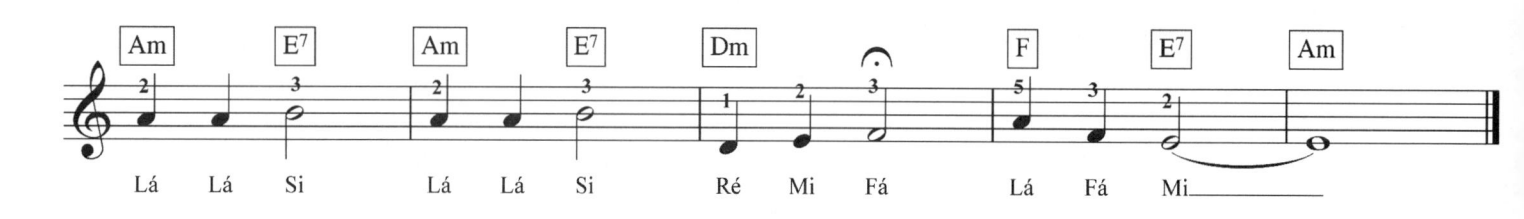

OLD FOLKS AT HOME
(A família no lar)

Solo: Trompete
Ritmo: Swing
Acordes parados
Baixos automáticos

(♩ = 80)
Moderato

Folclore americano

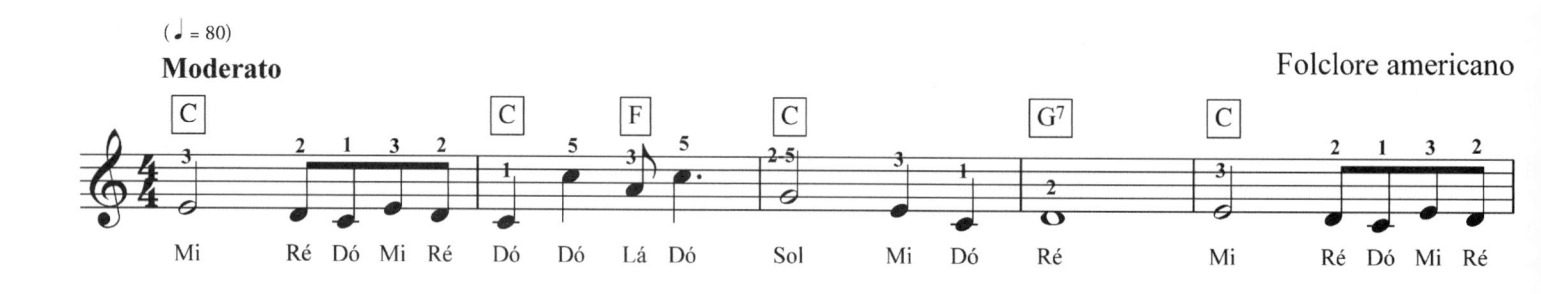

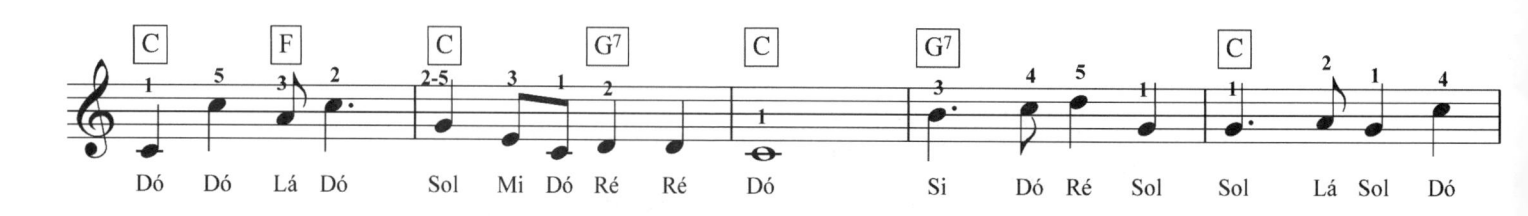

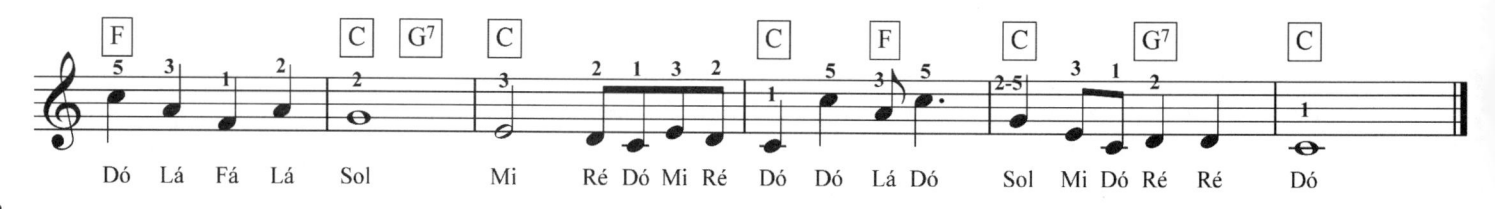

Solo: Flute
Ritmo: Waltz
Acordes parados
Baixos automáticos

A CANÇÃO DO MOULIN ROUGE
(The song from Moulin Rouge)

Música de George Auric
Letra de William Engvick

"Danúbio azul": Piano
"Rosas do Sul": Strings
Ritmo: Pops
Acordes parados
Baixos automáticos

PEQUENO POT-POURRI DE STRAUSS

("Danúbio azul" e "Rosas do Sul")

Johann Strauss II

(♩ = 150)

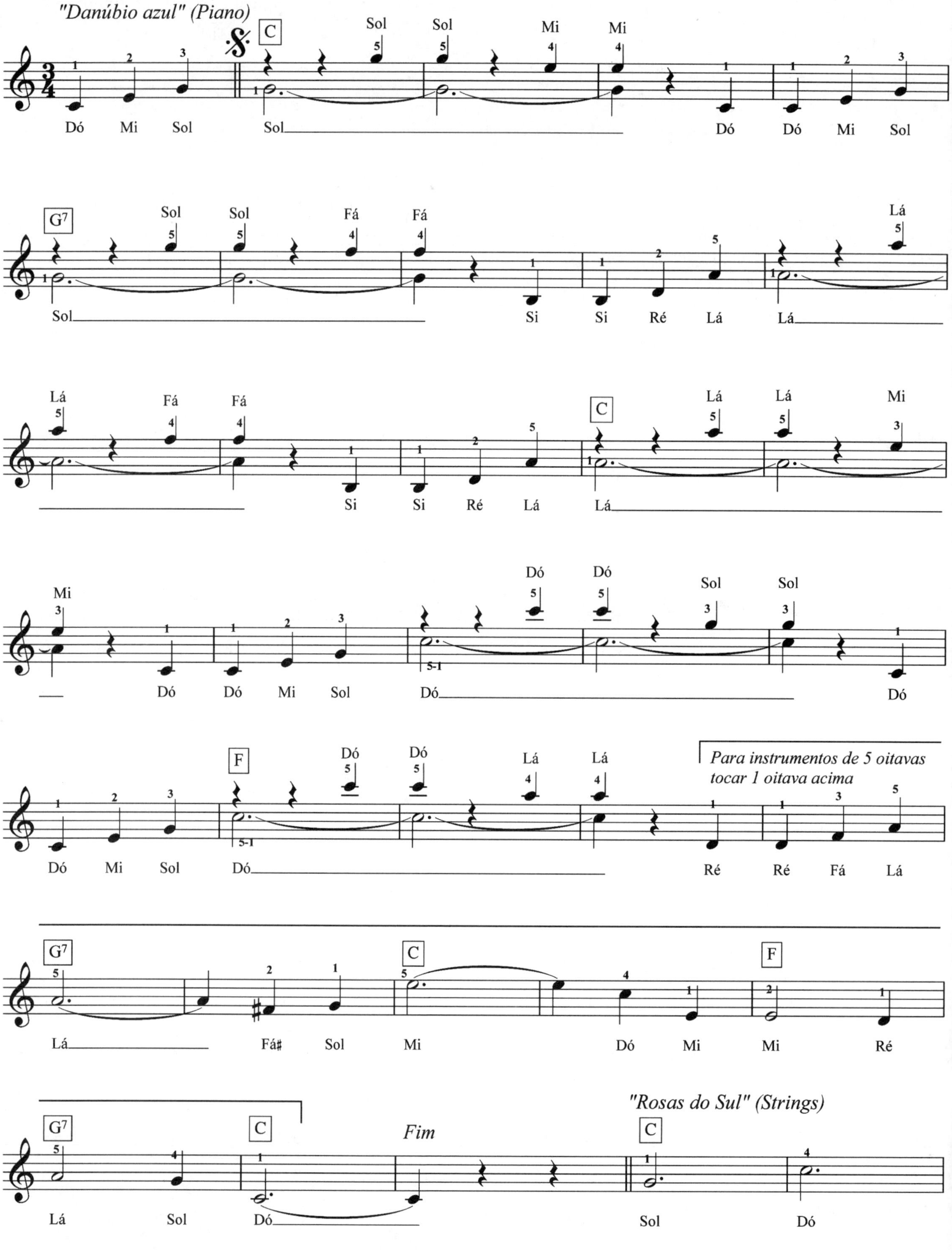

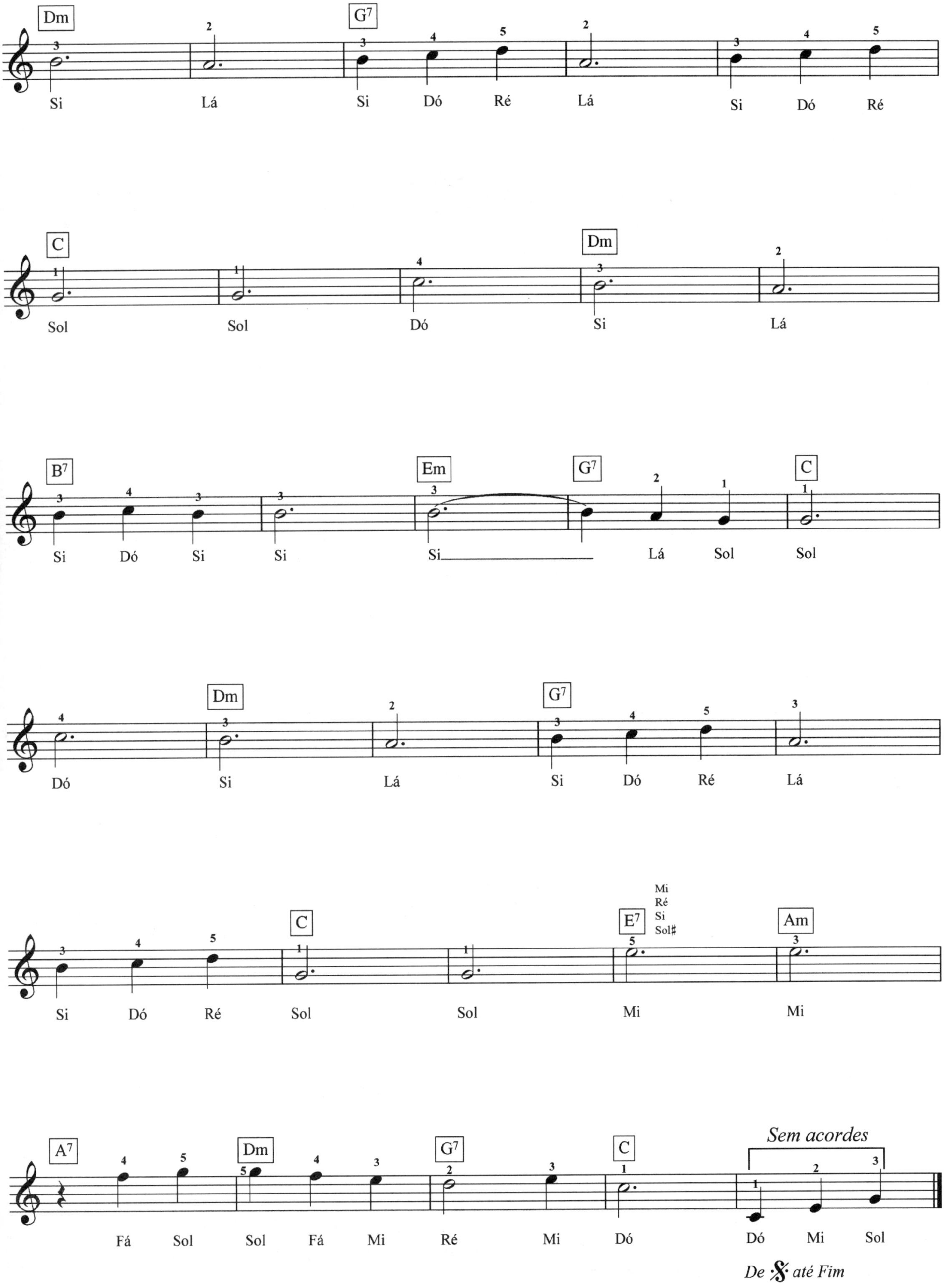
Dm G7
3 2 3 4 5 2 3 4 5
Si Lá Si Dó Ré Lá Si Dó Ré
C Dm
1 1 4 3 2
Sol Sol Dó Si Lá
B7 Em G7 C
3 4 3 3 3 2 1 1
Si Dó Si Si Si Lá Sol Sol
Dm G7
4 3 2 3 4 5 3
Dó Si Lá Si Dó Ré Lá
C E7 Am
Mi Ré Si Sol♯
3 4 5 1 1 5 3
Si Dó Ré Sol Sol Mi Mi
A7 Dm G7 C
Sem acordes
4 5 5 4 3 2 3 1 1 2 3
Fá Sol Sol Fá Mi Ré Mi Dó Dó Mi Sol
De 𝄋 até Fim

É O AMOR

Solo: Piano
Ritmo: Country
Acordes parados
Baixos automáticos

(♩ = 120)
Moderato

Zezé di Camargo

© 1990 by Peermusic do Brasil Edições Musicais Ltda.

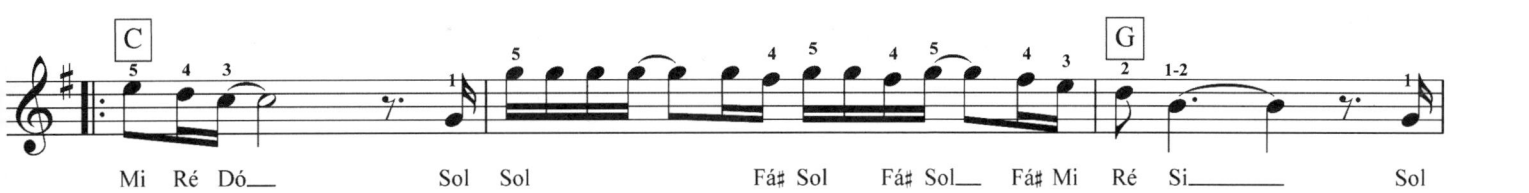

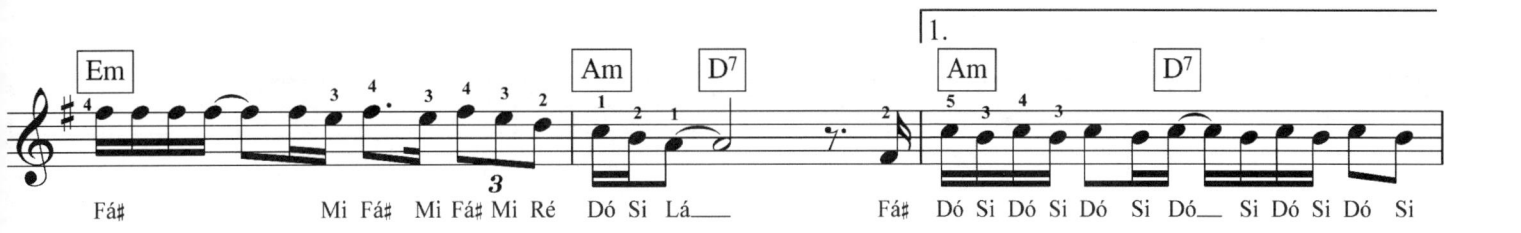

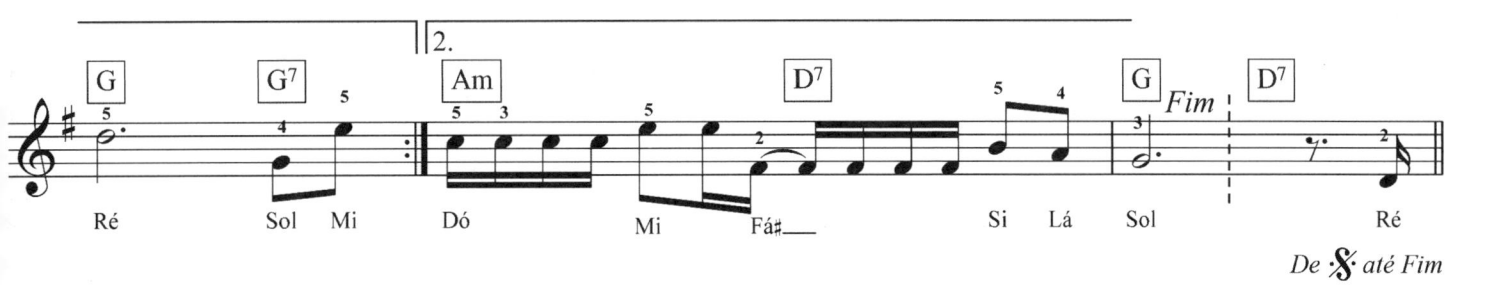

Tom: Sol Maior

Introdução: C – G – Am – D7 – G – Am – D7

```
         G
Eu não vou negar que sou louco por você
                                Am  D7
Tô maluco pra te ver, eu não vou negar
    Am            D7           Am
Eu não vou negar sem você tudo é saudade
        D7       Am D7
Você traz felicidade
             G  D7
Eu não vou negar
         G
Eu não vou negar você é meu doce mel
               G7
Meu pedacinho de céu
             C
Eu não vou negar
                        G
Você é minha doce amada, minha alegria
                  Am
Meu conto de fada, minha fantasia
                 D7       G  G7
A paz que eu preciso pra sobreviver
```

```
           C                       G
Eu sou o seu apaixonado de alma transparente
                              Am
Um louco alucinado meio inconsequente
           D7              G
Um caso complicado de se entender
     G7        C
     É o amor
                                     G
Que mexe com minha cabeça e me deixa assim
                                 Am  D7
Que faz eu pensar em você e esquecer de mim
       Am            D7            G
Que faz eu esquecer que a vida é feita pra viver
     G7        C
     É o amor
                                  G
Que veio como um tiro certo no meu coração
         Em                Am  D7
Que derrubou a base forte da minha paixão
      Am              D7         G  D7
Que fez eu entender que a vida é nada sem você
         G
Eu não vou negar você é meu doce mel (etc.)
```

NÃO APRENDI DIZER ADEUS

Solo: Piano
Ritmo: Country
Acordes parados
Baixos automáticos

Joel Marques

(♩ = 120)
Moderato

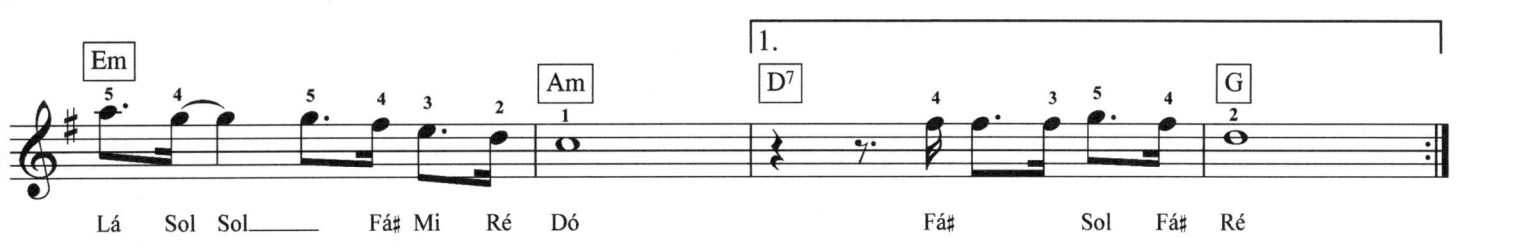

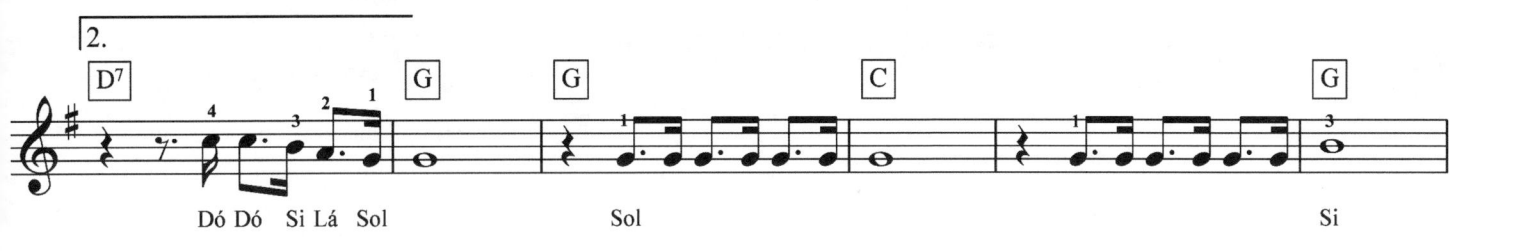

Tom: Sol Maior
Introdução: G – D7 – G

              G
Não aprendi dizer adeus
                      D7
Não sei se vou me acostumar

Olhando assim nos olhos seus

Sei que vai ficar nos meus
            G
A marca desse olhar
            G
Não tenho nada pra dizer
            C
Só o silêncio vai falar por mim
            G
Eu sei guardar a minha dor
            D7
E apesar de tanto amor
            G
Vai ser melhor assim

(Bis)   C
  Não aprendi dizer adeus
                  D7
  Mas tenho que aceitar
            G
  Que amores vêm e vão
            Em
  São aves de verão
                Am D7
  Se tens que me deixar
            G
  Que seja então feliz

Orquestra: G – C – G – D7 – G
            G
Não tenho nada pra dizer
            C
Só o silêncio vai falar por mim
            G
Eu sei guardar a minha dor
            D7
E apesar de tanto amor
            G
Vai ser melhor assim

(Bis)   C
  Não aprendi dizer adeus
            D7
  Mas deixo você ir
            G
  Sem lágrimas no olhar
            Em
  Se o adeus me machucar
            Am D7
  O inverno vai passar
            G
  E apaga a cicatriz

Solo: Strings
Ritmo: 8 beat
Acordes parados
Baixos automáticos

CARUSO
(Homenagem a Caruso)

Lucio Dalla

SOLAMENTE UNA VEZ
Bolero

Solos: 1ª parte - Piano
2ª parte - Strings
Ritmo: Beguine
Acordes parados
Baixos automáticos

Agustín Lara

© 1942 by Pham S/A
© by Irmãos Vitale S/A Ind. e Com.

MALAGUEÑA
Son huasteco

Solo: Piano
Ritmo: Waltz ou batida ternária
Acordes parados
Baixos automáticos

Música de Elpídio Ramirez e Pedro Galindo
Letra de Elpídio Ramirez

© 1939 by Southern Music Pub. e Irmãos Vitale S/A Ind. e Com.

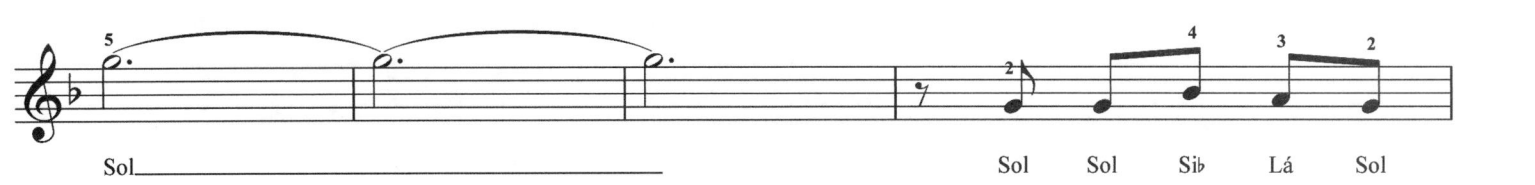

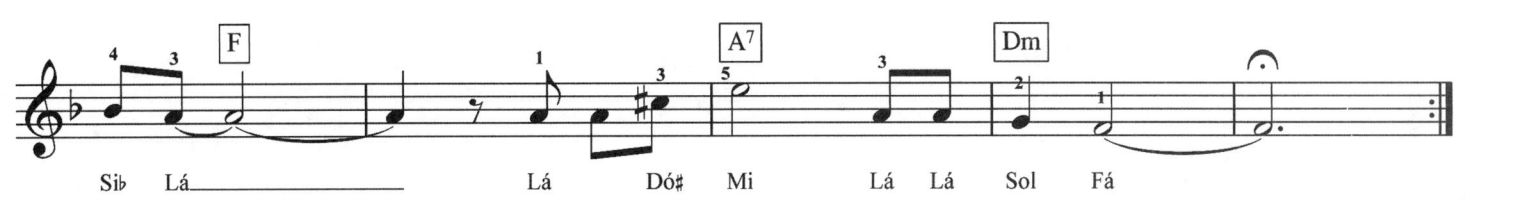

Tom: Ré menor

Dm – A7 – Dm

Introdução: Dm – A7 – Dm

Dm	C7
Que bonitos ojos tienes	Eres linda y hechicera
D7　　　　　　Gm	F
Debajo de esas dos cejas	Eres linda y hechicera
C7	Bb　　A7
Debajo de esas cejas	Como el candor de una rosa
Bb7　　　　A7	A7　　　Dm
Que bonitos ojos tienes	Como el candor de una rosa
Dm	Dm
Ellos me quierem mirar	Si por pobre me desprecias
D7　　　　　Gm	D7　　　　　Gm
Pero si tu no lo dejas	Yo te concedo razón
C7	C7
Pero si tu no lo dejas	Yo te concedo razón
Bb7　　　A7	Bb7　　　　　A7
Ni siquiera parpadear	Si por pobre me desprecias
A7　　Dm	Dm
Malagueña Salerosa	Yo no te ofresco riquezas
C7	D7　　　　　Gm
Besar tus labios quisiera	Te ofresco mi corazón
F	C7
Besar tus labios quisiera	Te ofresco mi corazón
Bb7　　A7	Bb　　　　　A7
Malagueña Salerosa	A cambio de mi pobreza
Dm	
Y decirte niña hermosa	Malagueña (etc.)

AQUELLOS OJOS VERDES
Bolero

Solos: 1ª parte - Piano
2ª parte - Strings
Ritmo: Beguine
Acordes parados
Baixos automáticos

Música de Nilo Menendez
Letra de Adolfo Utrera

Solo: Flute
Ritmo: Waltz ou ritmo ternário
Acordes parados
Baixos automáticos

RAPSÓDIA SOBRE UM TEMA DE PAGANINI

Sergei Rachmaninoff

(♩ = 80)
Andante cantabile
Com muito sentimento

* Toque, em teclados de 5 oitavas, os 4 compassos uma oitava acima até o Dó.

21

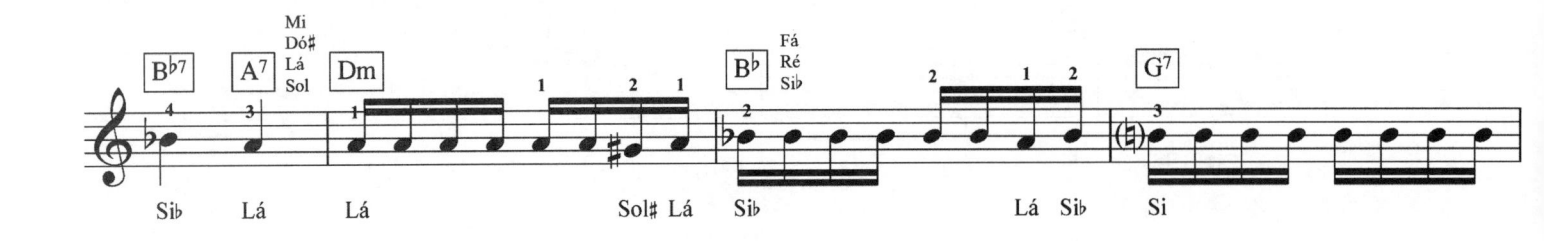

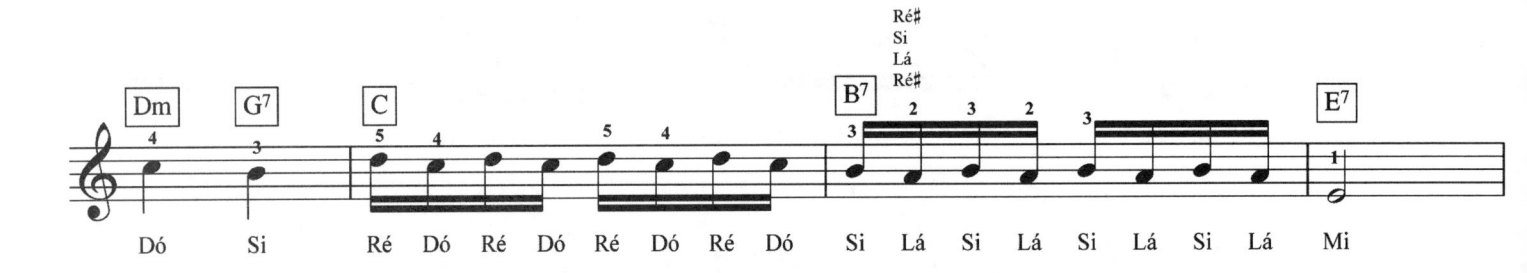

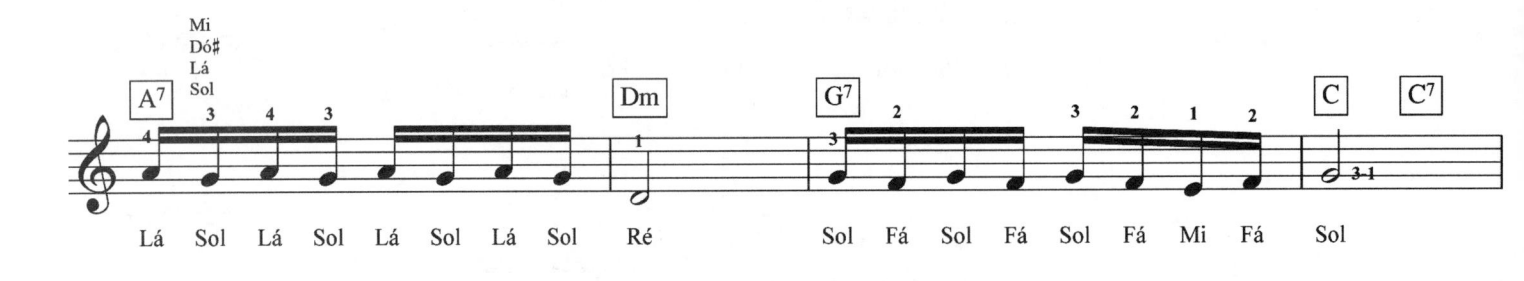

UNO
Tango

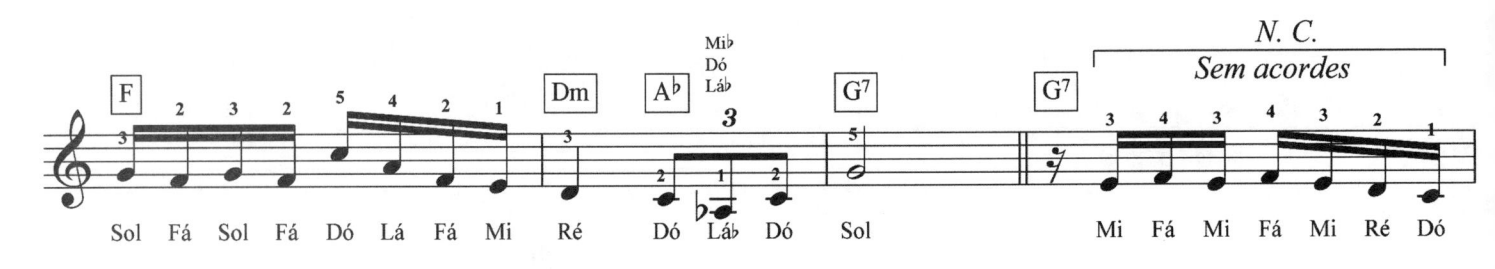

Solo: Accordion
Ritmo: Tango
Acordes parados
Baixos automáticos

Música de Mariano Mores
Letra de Enrique Santos Discépolo

C
Mi Dó Sol
C5+
Mi Dó Sol♯
C6
Mi Dó Lá
A7
Mi Dó♯ Lá Sol
Dm
Fá Ré Lá
Dm5+
Fá Ré Lá♯
Dm6
Mi Mi Fá Sol Lá Lá Ré Fá Sol Fá Sol Fá Mi Ré
Dm
Fá Ré Lá
Dm5+
Fá Ré Lá♯
Dm6
G7
C
G7
C
Fá Fá Sol Lá Si Sol Mi Mi Fá Sol Lá Si Dó
C
Cdim
Dm
G7
Si Dó Si Dó Si Dó Si Dó Si Dó Si Dó Lá Sol Ré Mi Fá Sol Lá Si
Dm
G7
C
N. C.
Sem acordes
C
C5+
Mi Dó Sol♯
Lá Si Lá Si Lá Si Sol Lá Sol Lá Si Sol Mi Mi Fá Mi Fá Mi Ré Dó Mi
C6
A7
Dm
Dm5+
Fá Ré Lá♯
C7
F
Fá Dó Lá
Fm
Fá Dó Lá♭
Mi Fá Sol Lá Lá Ré Ré Mi Fá Sol Lá Si Dó Dó Dó Dó Dó Dó
C
A7
Mi Dó♯ Lá Sol
Dm
G7
C
Dó Sol Mi Fá Sol Lá Fá Mi Ré Fá Lá Si Dó Mi Mi Dó Sol Dó

Solo 1ª e 2ª partes: Violin
3ª parte: Saxophone
Ritmo: Tango
Acordes parados
Baixos automáticos

JALOUSIE
(Ciúme)
Tango cigano

Jacob Gade

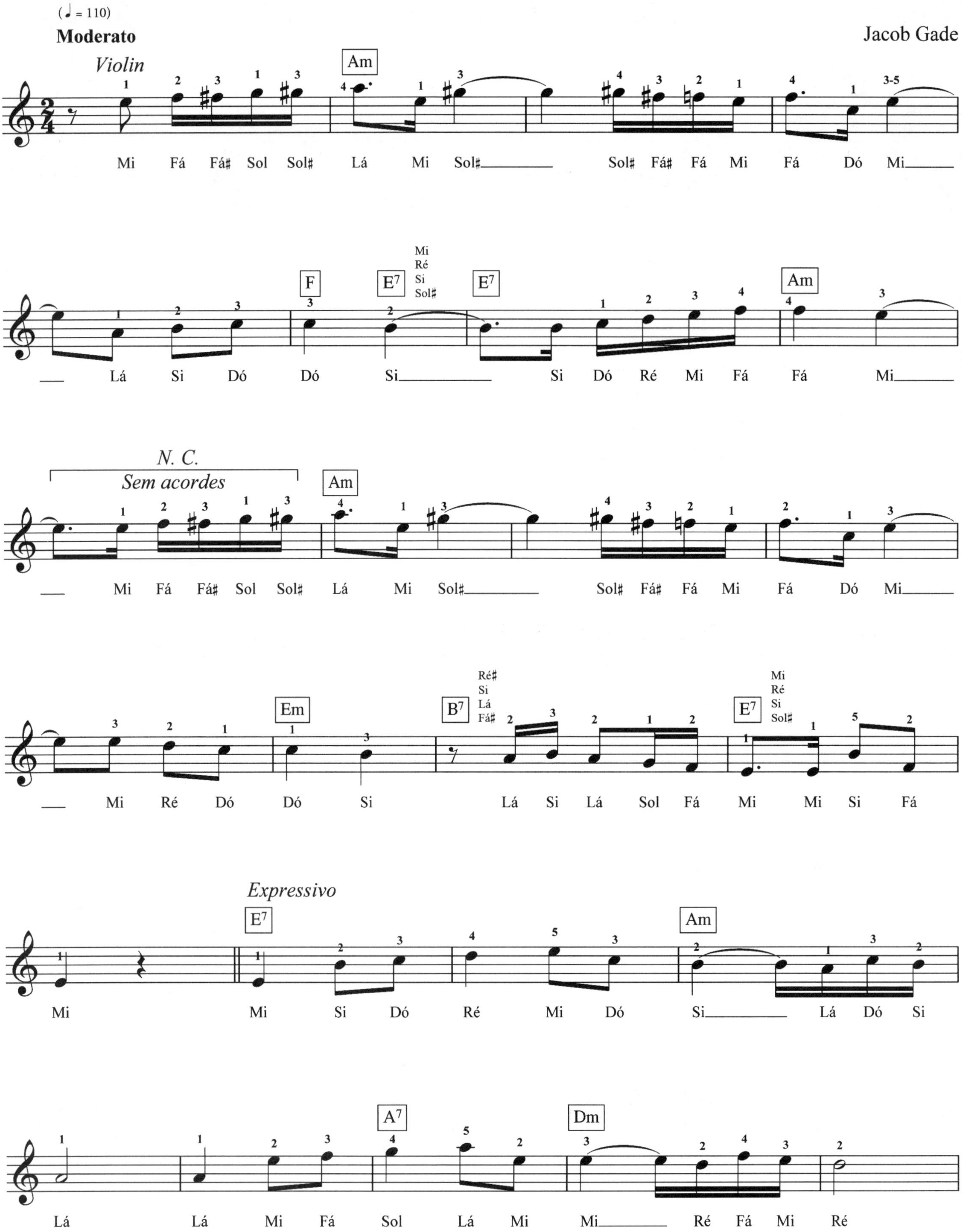

Am
Ré Mi Fá Si Si Dó Ré Si Si Si Ré Mi Fá Si Si Dó Ré Si Si Si Lá Lá Mi
Saxophone
Dm E7 C
Lá Lá Fá Lá Si Dó Ré Mi Fá Fá Mi Sol Lá Mi Si Lá Si Sol
Dm G7 Dm G7 C
Lá Lá♯ Si Sol Mi Ré Mi Si Sol
F G7 C Cdim Dm G7
Mi♭ Dó Lá Sol♭
Si Ré Dó Si Ré Dó Ré Dó Si Sol Lá
Dm F G7 C G7 C
Dó Si Lá Dó Lá Dó Si Lá Mi Sol Sol Lá Mi Si
Dm G7 Dm G7
Lá Si Sol Lá Lá♯ Si Sol Mi Ré Mi Si
C C7 F
Sol Sol Lá Sol Dó Lá Sol Mi Ré Dó Mi
Fm C Dm G7 C
Ré Dó Sol♯ Sol Sol Sol Lá Lá Si Dó Sol Fá♯ Sol Sol♯ Lá Lá♯ Si Dó

BLUE MOON
Fox

Solo: Saxophone
Ritmo: Swing
Acordes parados
Baixos automáticos

Música de Richard Rodgers
Letra de Lorenz Hart

(♩ = 80)
Moderato

© 1934/1963/1965 by EMI Robbins Music/EMI Catalogue Partnership Inc.
© by EMI Songs do Brasil Edições Musicais Ltda.

26

Solo: Saxophone
Ritmo: 8 beat
Acordes parados
Baixos automáticos

LOVE IS A MANY SPLENDORED THING

(Suplício de uma saudade)

Música de Sammy Fain
Letra de Paul Francis Webster

LOVE IS ALL
(O amor é tudo)

Solo: Strings
Ritmo: 8 beat
Acordes parados
Baixos automáticos

Les Reed
Barry Mason

(♩ = 83)

© 1968 by Donna Music Ltd./EMI Music Pub. Ltda.
© para o Brasil by EMI Odeon P. E. E. Ltda. (divisão Itaipu)

Solo: Saxophone
Ritmo: 8 beat
Acordes parados
Baixos automáticos

SMOKE GETS IN YOUR EYES

(Fumaça nos teus olhos)

Música de Jerome Kern
Letra de Otto Harbach

Solos: 1ª parte - Flute
2ª parte - Violin
Ritmo: Pops
Acordes parados
Baixos automáticos

QUE RESTE T'IL DE NOS AMOURS?

Bolero

(♩ = 75)
Moderato

Charles Trenet

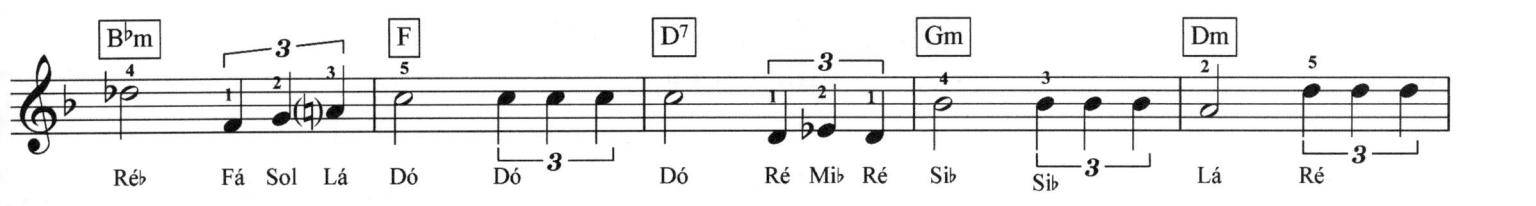

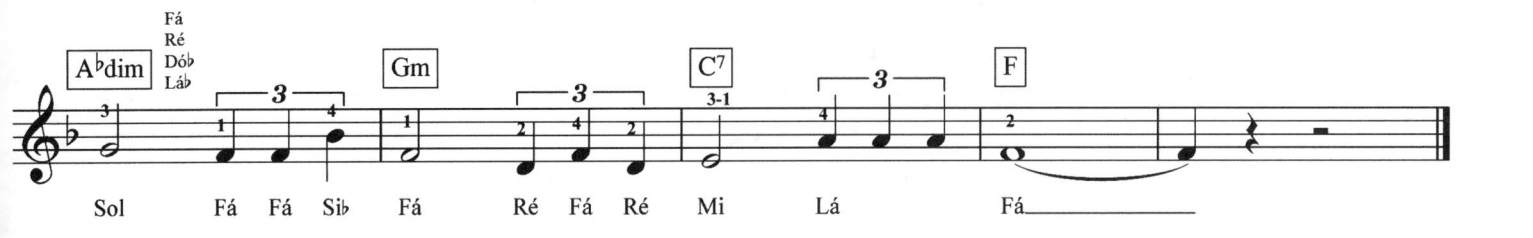

Tom: Fá Maior

Introdução: F – D7 – F

Fm   Bbm
Ce soir lê vent qui frappé à ma porte
               Fm
Me parle des amours mortes
               C7
Devant le feu qui s'etei
       Fm   Bbm
Ce soir c'est una chanson d'automne
C7   F
Dans la maison qui frissonne
Bbm   F7
Et je pense aux jours lointains
      Bb7M   Bbm
Que res-te-t'il de nos amours
           F   Abdim Gm
Que res-te-t'il de ces beaux jours
        C7   F
Une photo, vielle photo de ma jeunesse
D7   Bb7M   Bbm
Que res-te-t'il dês billets doux
       Am   Abdim
Des mois d'avril des rendevous
    Gm   C7   Cm
Um souvenir qui me poursuit sans cesse
	Bb7M
	Bonheur fana
	       Bbm
	Cheveux au vent
	    F
	Baisers voles
	    D7
	Rêves mouvents
	    Gm
	Que res-te-t'il
	    Dm
	De tout cela
	   C7
	Didest moi ?
	    Bb7M
	Un petit village
	    Bbm
	Um vieux clocher
	    Am
	Un paysage
	    Abdim
	Si bien caché
	    Gm
	Et dans une nuage
	    C7
	Le cher visage
	    F
	De mon passé

Solos: 1ª parte - Strings
      2ª parte - Flute
Ritmo: 8 beat
Acordes parados
Baixos automáticos

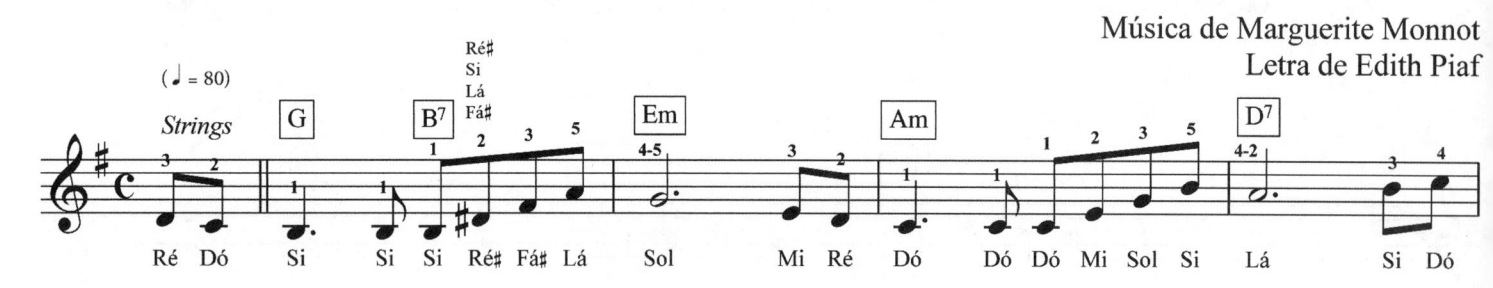

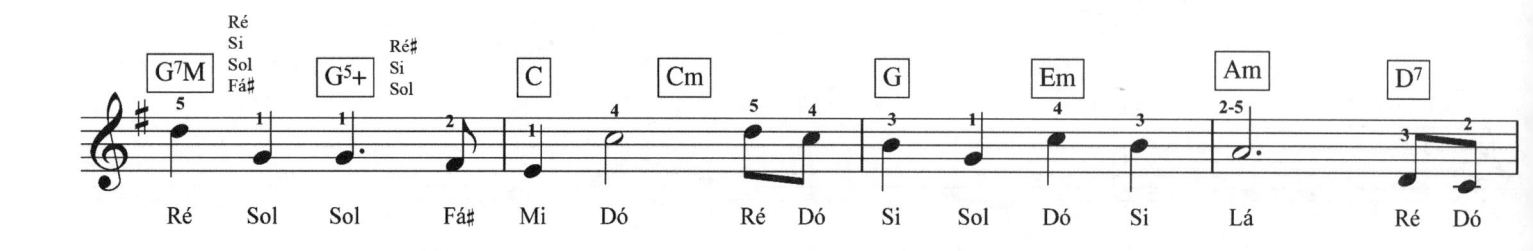

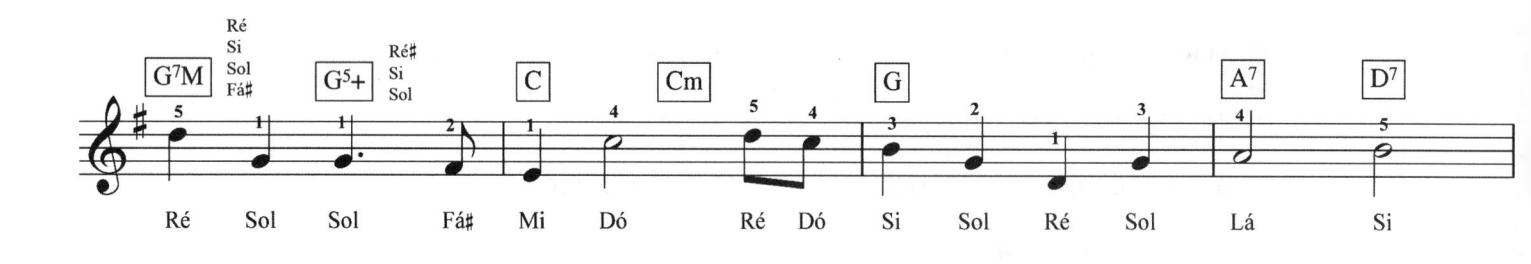

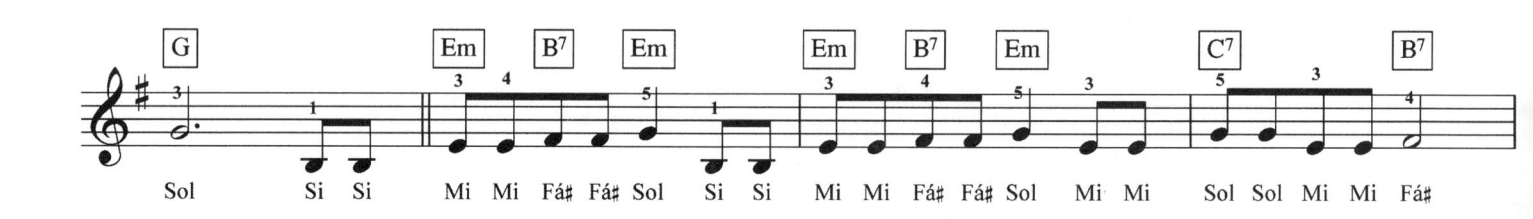

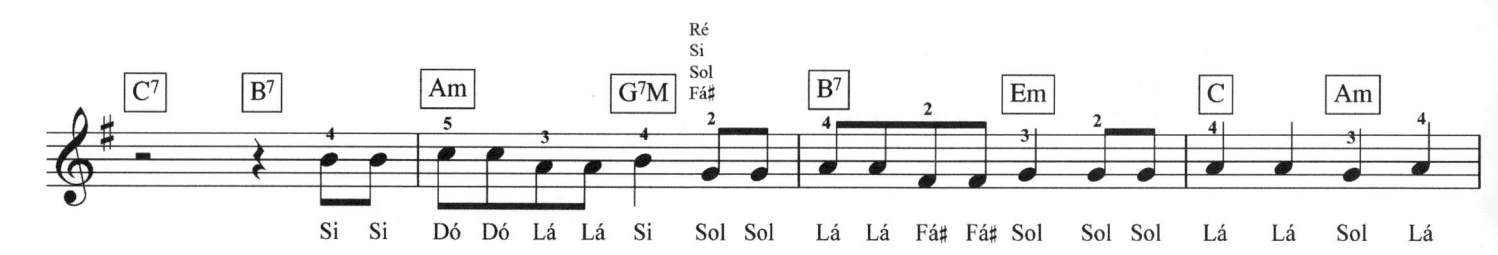

HYMNE À L'AMOUR
(Hino ao amor)

Música de Marguerite Monnot
Letra de Edith Piaf

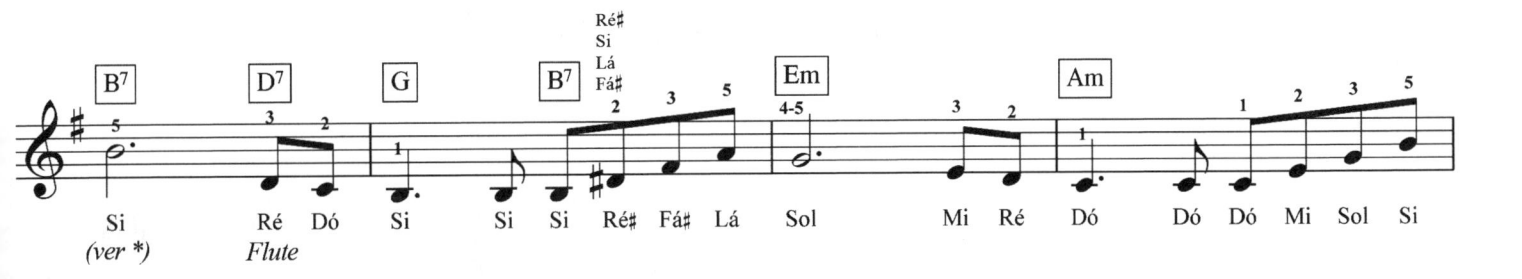

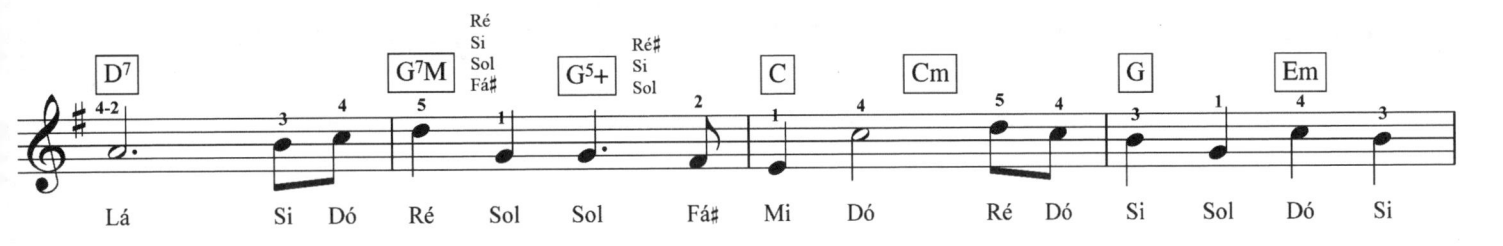

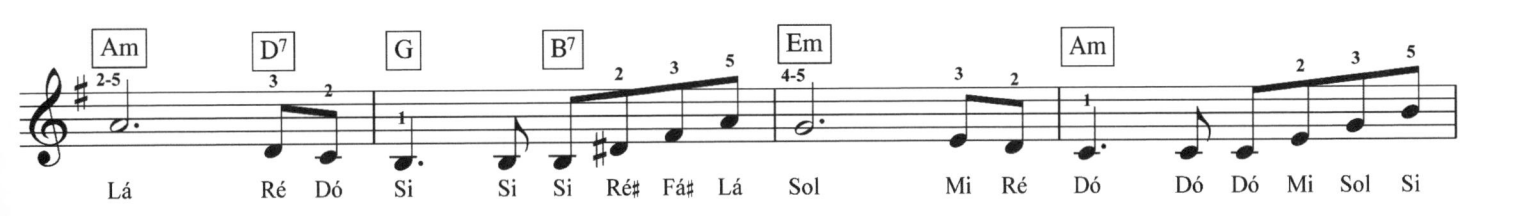

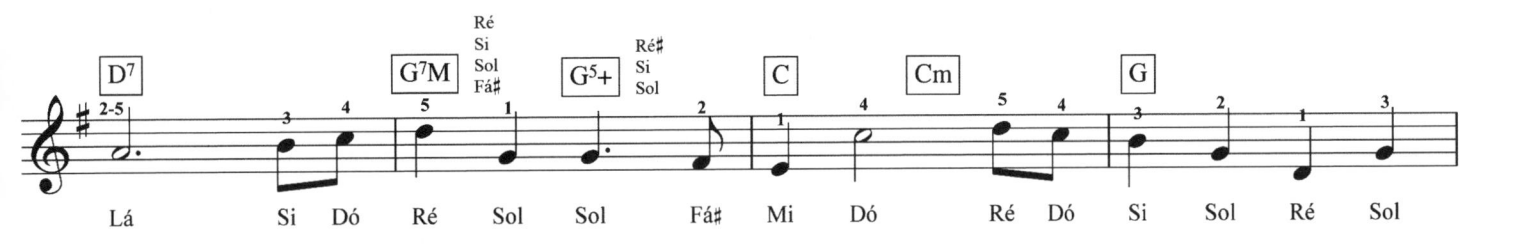

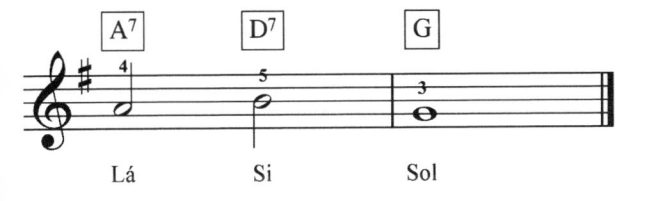

* Estabelecer maior tempo no Si, enquanto muda de Strings para Flute.

CABECINHA NO OMBRO

Solo: Accordion
Ritmo: Waltz
Acordes parados
Baixos automáticos

Paulo Borges

(♩ = 110)

Dó Fá Lá Sol Si♭ Lá Fá Mi♭

Ré Fá Si♭ Ré Dó Dó

Mi Ré Mi Ré Dó Lá Dó Fá Lá Dó Si♭ Sol

Dó Mi Sol Si♭ Lá Fá Dó Fá Lá Sol Si♭

Lá Fá Mi♭ Ré Fá Si♭ Ré Dó

Dó Mi Ré Mi Ré Dó Lá Dó Fá Lá Dó

Si♭ Sol Ré Si♭ Sol Mi Sol Fá *Fim* Fá Ré

© 1961 by Fermata do Brasil Ltda.

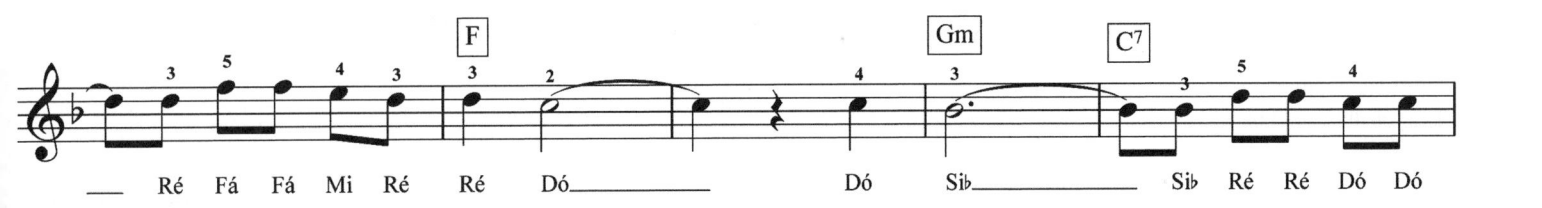

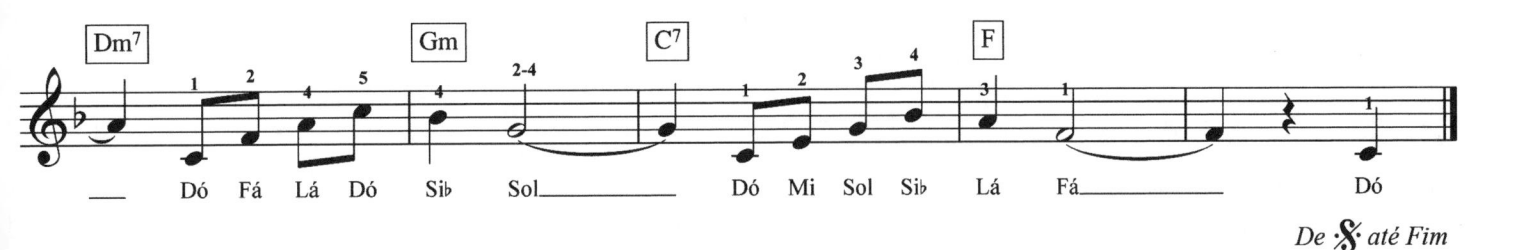

Tom: Fá Maior

Introdução: C – F – C7 – F – C – F – C7 – F

F   C7
Encosta a tua cabecinha
                  F   F7
No meu ombro e chora
Bb
E conta logo tua mágoa
          F
Toda para mim
          C
Quem chora no meu ombro
  C7   F   Dm7
Eu juro que não vai embora
            Gm   C7
Que não vai embora
           F
Que não vai embora
	F C7
	Encosta a tua cabecinha
	                  F F7
	No meu ombro e chora
	Bb
	E conta logo tua mágoa
	          F
	Toda para mim
	          C
	Quem chora no meu ombro
	  C7 F Dm7
	Eu juro que não vai embora
	            Gm C7
	Que não vai embora
	           F F7
	Porque gosta de mim
	Bb F
	Amor, eu quero o teu carinho
	  Gm C7 F
	Porque eu vivo tão sozinho
	  Gm C7
	Não sei se a saudade fica
	             F Dm7
	Ou se ela vai embora
	           Gm C7
	Se ela vai embora
	           F
	Se ela vai embora

DE VOLTA PRO ACONCHEGO

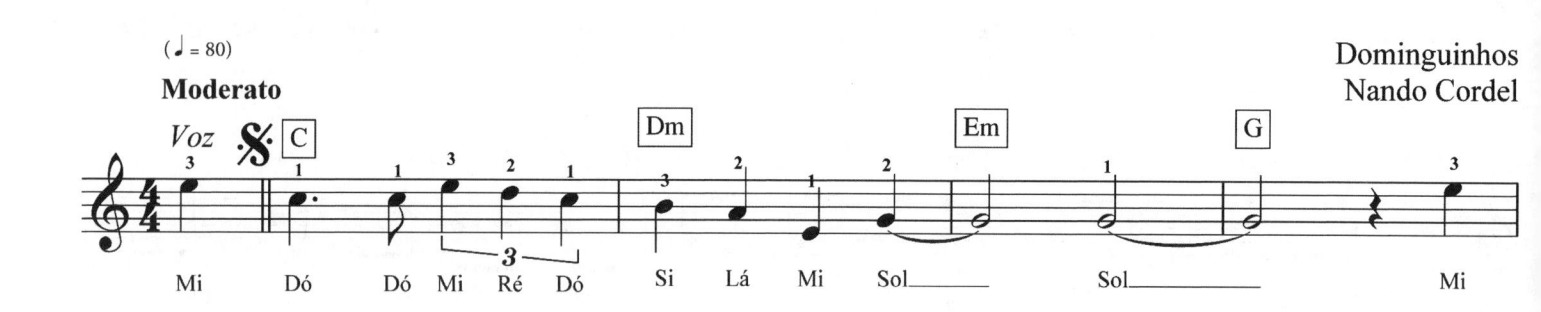

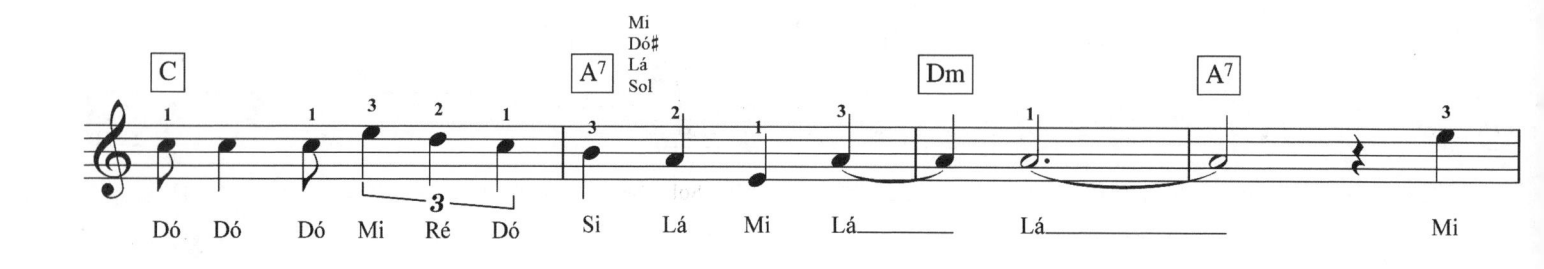

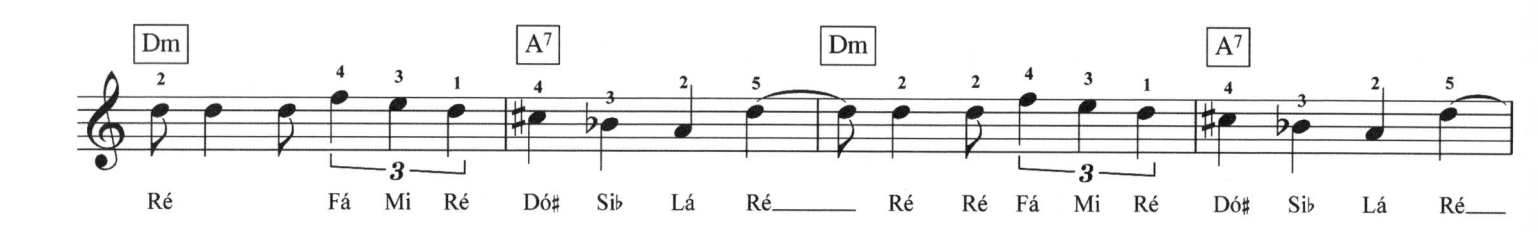

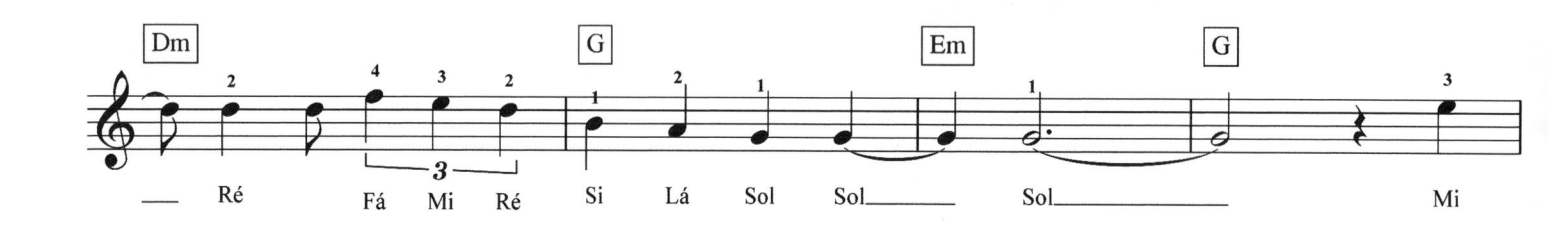

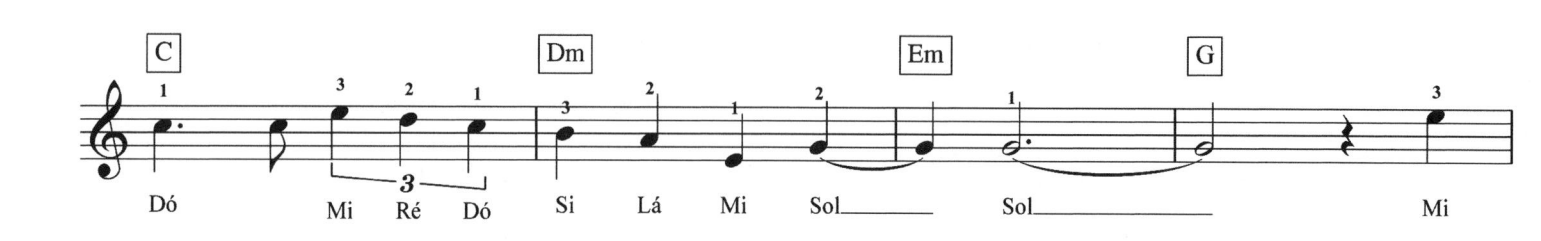

Solo: Piano
Ritmo: Bossa nova
Acordes parados
Baixos automáticos

Dominguinhos
Nando Cordel

(♩ = 80)
Moderato

37

DE VOLTA PRO ACONCHEGO

Tom: Dó Maior
C – G7 – C

```
     C        Dm    Em   G
Estou de volta pro meu aconchego
       C          A7   Dm  A7
Trazendo na mala bastante saudade
  Dm
Querendo
               A7      Dm
Um sorriso sincero, um abraço
      A7       Dm
Para aliviar meu cansaço
             G    Em  G
E toda essa minha vontade
       C        Dm   Em  G
Que bom poder estar contigo de novo
       C         C7    F   A7
Roçando o teu corpo e beijando você
    Dm       G7     C
Pra mim tu és a estrela mais linda
            Am       Dm
Teus olhos me prendem, fascinam
             G7     C   A7
A paz que eu gosto de ter
```

```
     Dm        G      Em   A7
É duro ficar sem você vez em quando
     Dm            E7    Am  A7
Parece que falta um pedaço de mim
           Dm       G     C
Me alegro na hora de regressar
             C7         F
Parece que vou mergulhar
         A7      Dm
Na felicidade sem fim
```

(Vocalize nos 11 últimos compassos)
G7 – Em – A7 – Dm – G
C – Fm – C – A7 – D7
G7 – C – A♭ – G7/4 – G7

Solos: 1ª parte - Piano
　　　 2ª parte - Strings
Ritmo: Marcha
Acordes parados
Baixos automáticos

ESTÃO VOLTANDO AS FLORES
Marcha-rancho

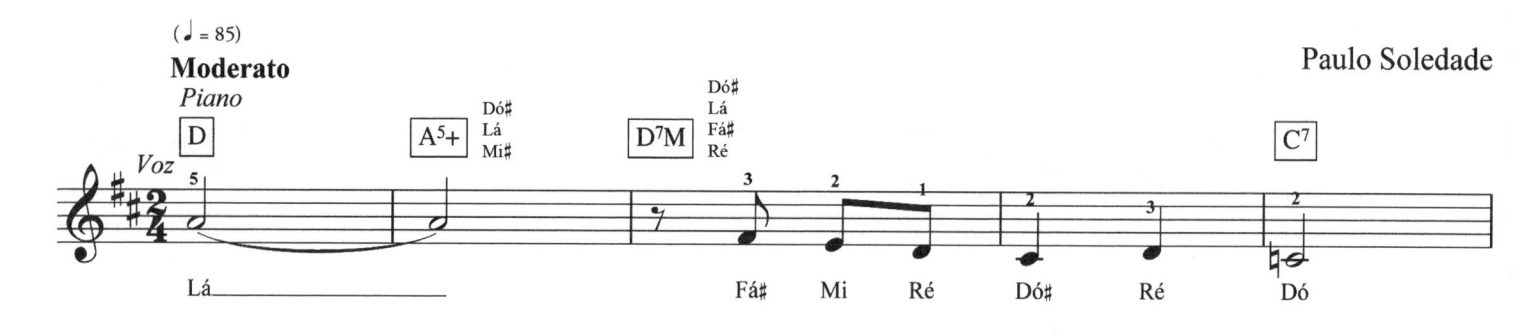

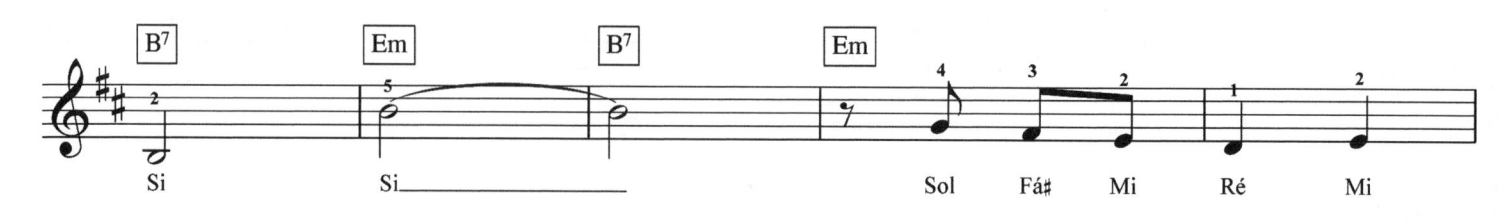

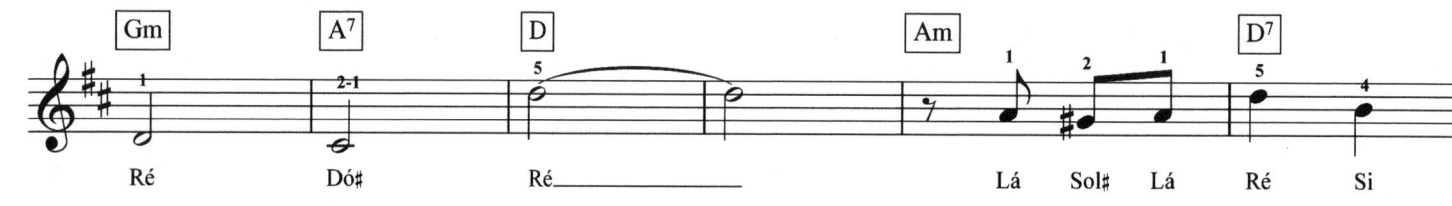

(♩ = 85)
Moderato

Paulo Soledade

© 1960 by Edições Euterpe Ltda.

Tom: Ré Maior

D – A7 – D

Introdução: D7M – Em – A7 – D7M – Bm – Em – A7

D A5+ D7M C7 B7	D A5+ D7M C7 B7
Vê, estão voltando as flores	Vê, as nuvens vão passando
D B7 Em Gm A7	D B7 Em Gm A7
Vê, nessa manhã tão lin__da	Vê, um novo céu se abrin_do
D Am D7 G7M	D Am D7 G7M
Vê, como é bonita a vi__da	Vê, o sol iluminan__do
Eb Bm E5+ E7 Em A7	Em A7 D
Vê, há esperança ain__da	Por onde nós vamos indo

CIDADE MARAVILHOSA

Marcha

Solo: Saxophone
Ritmo: Marcha
Acordes parados
Baixos automáticos

(♩ = 110)
Allegro

Introdução

André Filho

[C] Sol Sol Sol Sol____ Mi Sol Dó Sol Dó Mi____ [Dm] Lá Lá Lá Lá____

____ Fá Lá Ré Lá Ré Fá____ [F] Lá Si Dó Ré [F#dim] Dó Ré

[C] Mi Ré Dó [A7] Sol [Dm] Sol Lá Dó Lá [G7] Dó Ré [C] Dó____

Voz [C] ____ Mi Sol Lá____ Sol Lá Sol Lá [Dm] Si____

[G7] Lá Si____ Lá Si Lá [C] Dó____ [Dm] Si [Em] Ré Dó

[E♭dim] ____ Si Dó Lá Sol [Dm] Fá____ [G7] Fá Sol Lá Dó Si Sol [C] Mi____

____ Mi Sol Lá____ Sol Lá Sol Lá [Dm] Si____ [G7] Lá Si

© 1936 by Mangione, Filhos & Cia. Ltda.

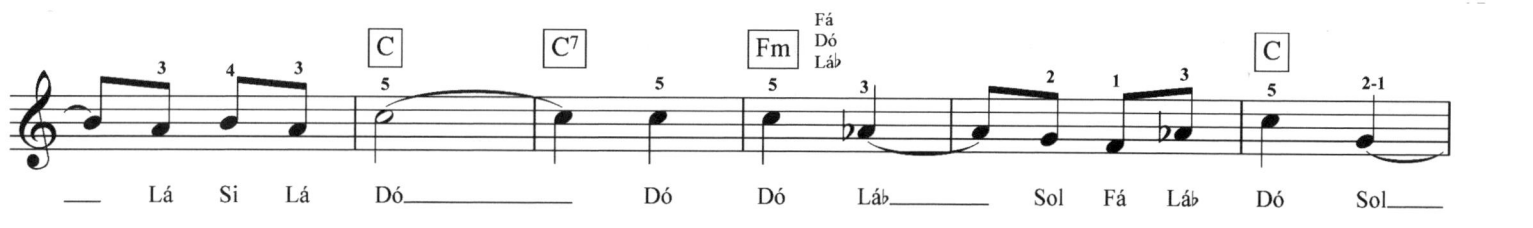

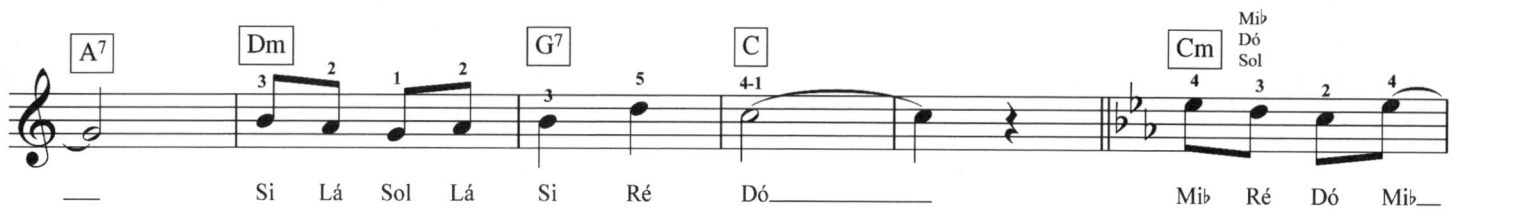

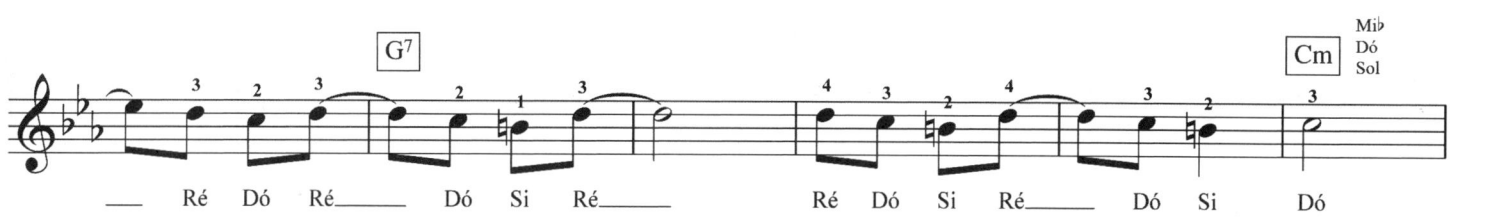

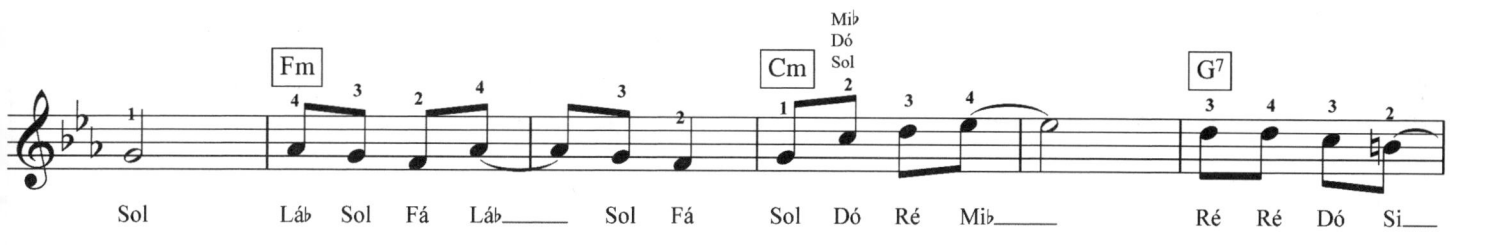

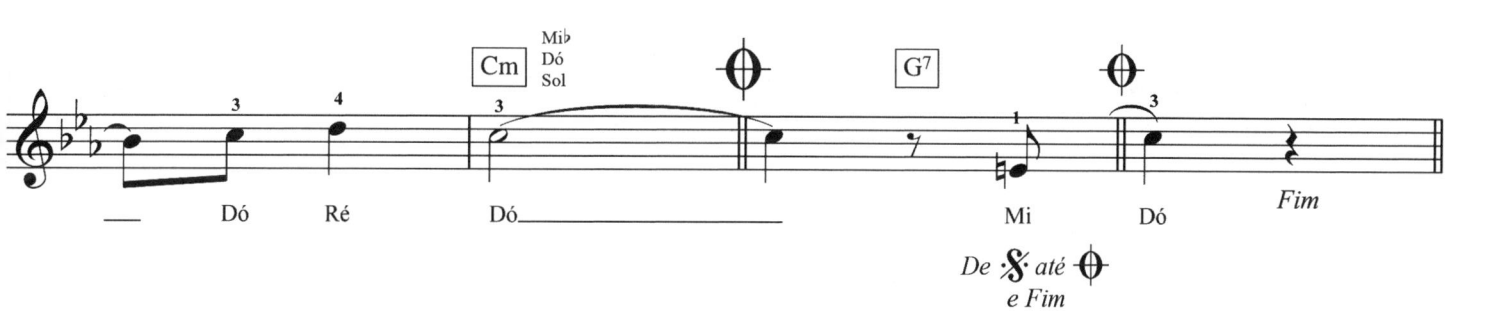

Tom: Dó Maior

C – G7 – C

(Coro)
    C   Dm
Cidade maravilhosa
G7   C   Dm
Cheia de encantos mil
  Em E♭dim Dm
Cidade maravilhosa
G7   C
Coração do meu Brasil
          Dm
Cidade maravilhosa
G7   C
Cheia de encantos mil
Fm   C   A7
Cidade maravilhosa
Dm   G7   C
Coração do meu Brasil!

Cm   G7
Berço do samba e das lindas canções
          Cm
Que vivem n'alma da gente...
Fm   Cm
És o altar dos nossos corações
G7   Cm
Que cantam alegremente

(Coro)

Cm   G7
Jardim florido de amor e saudade
          Cm
Terra que todos seduz...
Fm   Cm
Que Deus te cubra de felicidade
G7   Cm
Ninho de sonho e de luz

SERRA DA BOA ESPERANÇA
Samba-canção

Lamartine Babo

Solos: 1ª parte - Piano
       2ª parte - Strings
Ritmo: Bossa nova
Acordes parados
Baixos automáticos

(♩ = 110)
Moderato

© 1937 by Irmãos Vitale S/A Ind. e Com.

Solo: Saxophone
Ritmo: Marcha
Acordes parados
Baixos automáticos

BANDEIRA BRANCA

Marcha-rancho

Max Nunes
Laércio Alves

CARINHOSO
Samba estilizado

Solo: Acoustic guitar
Ritmo: Samba
Acordes parados
Baixos automáticos

Música de Pixinguinha
Letra de João de Barro

© 1936/52/68 by Mangione, Filhos e Cia. Ltda.

45

CARINHOSO

Tom: Fá Maior
F – C7 – F

(Bis)

     F F5+ F6
Meu coração

F5+   F F5+ F6
Não sei porquê

F7 Am Am5+ Am6
Bate feliz

Am5+ Am6 Am7 Am6
Quando te vê

     Dm
E os meus olhos

G7 C7
Ficam sorrindo

F7 B♭
E pelas ruas

D7 Gm
Vão te seguindo

C7   G7
Mas mesmo assim

C7   F
Foges de mim

Am
Ah se tu soubesses

       Dm
Como eu sou tão carinhoso

   E7   Am
E o muito e muito que eu te quero

        C
E como é sincero o meu amor

    D7
Eu sei que tu não

   G7   C
Fugirias mais de mim

A7/C♯ Gm C7
Vem, vem, vem

F   E7
Vem, vem sentir o calor

    Gm   C7   F A7
Dos lábios meus, à procura dos teus

   Dm A7 Dm
Vem matar esta paixão

F7 B♭ D7 Gm
Que me devora o coração

  B♭m F D7
E só assim então

   G7 C7 F F5+ F6
Serei feliz, bem feliz

(Voltar à primeira parte)
Para terminar:

F F5+ F6
Meu coração...

Solo: Saxophone
Ritmo: Country
Acordes parados
Baixos automáticos

EMOÇÕES
Fox

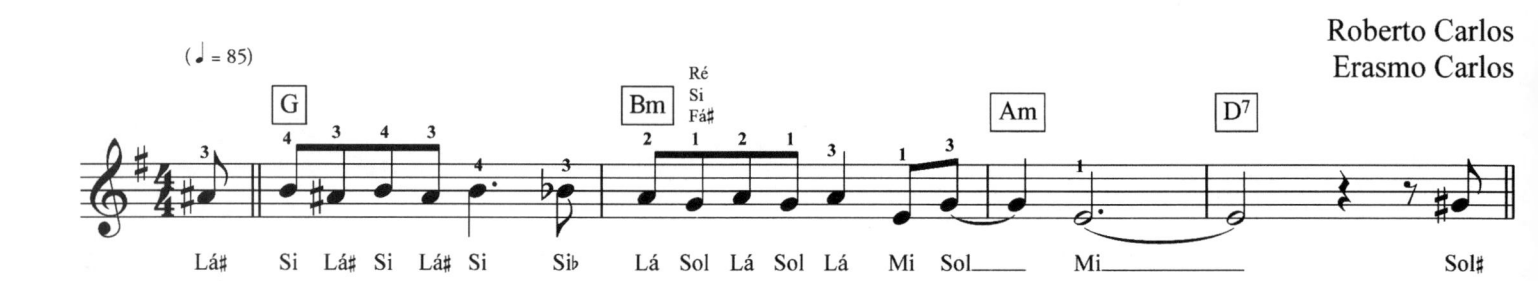

Roberto Carlos
Erasmo Carlos

© 1983 by Editora Musical Amigos Ltda.
© 1983 by Ecra Realizações Artísticas Ltda.

Am D7 G D7
Lá Sol♯ Lá Sol♯ Lá Lá Sol Mi Sol Mi Fá♯ Ré Fá♯ Ré Si
G Bm B♭dim Mi Ré♭ Si♭ Sol Am D7
Ré Si Ré Si Ré Si Ré Mi Fá♯ Ré Fá♯ Ré Fá♯ Fá Mi Lá
Am D7 Am D7 G G D7
Dó Lá Dó Lá Dó Lá Dó Mi Dó Mi Dó Mi Fá♯ Fá♯ Lá♯
G Bm B♭dim Mi Ré♭ Si♭ Sol Am E7 Am D7
Si Lá♯ Si Lá♯ Si Si♭ Lá Sol Lá Sol Lá Mi Sol Mi Sol♯
Am D7 Am D7 G
Lá Sol♯ Lá Sol♯ Lá Sol♯ Sol Mi Sol Mi Fá♯ Si Si Sol
C Cm F G E7
Si Lá Si Lá Sol Lá Si Lá Si Lá Ré Dó Si Dó Si Lá♯ Si Ré Si Ré Si Mi Fá♯
A7 Am D7 G Em Am D7 G7M
Sol Mi Sol Mi Sol Sol Lá Si Lá♯ Si Lá♯ Si Si Si Sol Si Lá Sol Fá♯

HOMENAGEM A RAVEL

É com grande satisfação que apresento uma homenagem ao inspirado compositor francês Maurice Ravel.

Antes de iniciar a execução do "Bolero de Ravel", com arranjo de minha autoria, você deve transformar o teclado em piano e tocar com as duas mãos, exatamente como escrito na partitura.

Grave o padrão rítmico na memória do instrumento utilizando os timbres "Caixa" e "Pratos". Dessa forma, você criará sua própria bateria e poderá tocar a música inteira.

BOLERO DE RAVEL

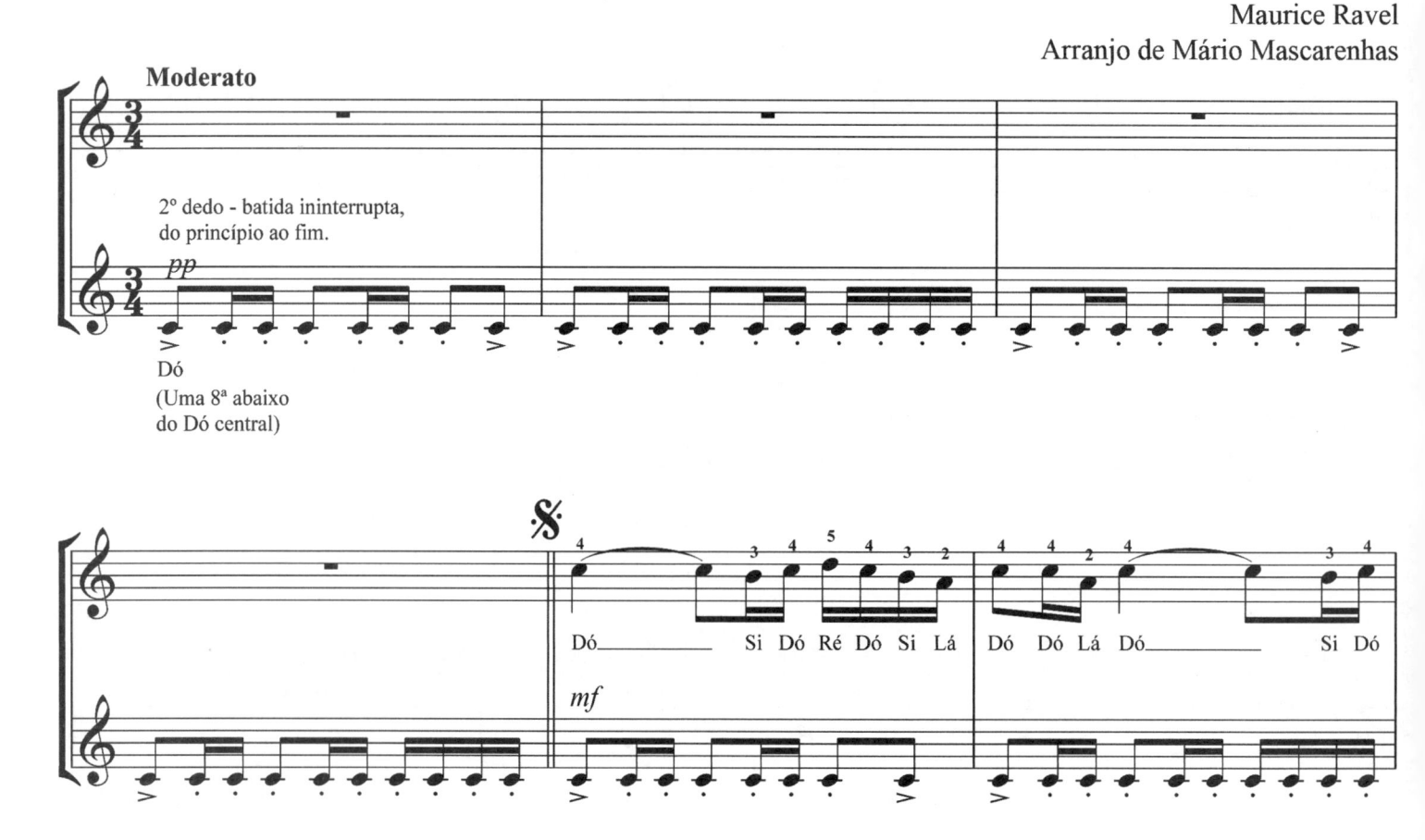

Maurice Ravel
Arranjo de Mário Mascarenhas

© 1929 by Durand S/A Editions Musicales.
© para todo o Brasil by SACEM & SICAM.

Lá Sol Mi Fá Sol Fá Mi Ré Mi Fá Sol Lá Sol Lá Si Lá Sol Fá Mi Ré
Mi Ré Dó Dó Ré Mi Fá Ré Sol
Ré Dó Si Lá Si Dó Ré Dó Si Dó Si Lá Dó Si Lá Fá Fá Fá Fá Lá Dó Lá Si Sol
Fá Lá Si Sol Lá Fá Ré Dó Ré Ré Ré Fá Lá Fá Sol Mi Ré Ré Dó
Ré Ré Dó Ré Mi Fá Sol Fá Mi Ré Dó

Sib Lá Sol Fá Sib Dó Lá Sol Sib Lá Sol Sib Lá Sib Lá Sol
Fá Mi Ré Mi Sib Dó Réb Réb Réb Réb Réb
Réb Réb Réb Réb Dó Sib Réb Dó Sib Réb Dó Sib Láb Sol Fá Mi
Ré Mi Ré Mi Fá Sol Láb Fá Sol Mi Ré Mi Ré Dó Sib
Dó Sib Dó Ré Mi Ré Dó Ré Dó Sib Láb Sib Láb Sol Fá Sol Fá Mib

Se o seu teclado possui 5 oitavas, toque ao 𝄋 uma 8ª acima.

O Sol acima está 4 notas abaixo do Dó central.

Solo: Saxophone
Ritmo: Marcha
Acordes parados
Baixos automáticos

Ô ABRE ALAS
Marcha-rancho

Chiquinha Gonzaga

Moderato

Dó Dó Si Si Lá Dó___ Si Lá Sol# Lá Dó Dó Si Si Lá Dó___

Si Lá Sol# Lá Lá Lá Sol Sol Fá Lá___ Lá Sol Fá Mi

Mi Lá Dó Mi Si Mi___ Ré Dó Si Lá Dó Dó Si Si Lá Dó___ Si Lá Sol#

Lá Dó Dó Si Si Lá Dó___ Si Lá Sol# Lá Lá Lá Sol Sol Fá Lá___

Lá Sol Fá Mi Mi Lá Dó Mi Si Mi___ Ré Dó Si Lá Dó Dó Si

Tom: Lá menor
Introdução: Am – E7 – Am

E7   Am
Ô abre alas!
   E7   Am
Que eu quero passar
E7   Am
Ô abre alas!
   E7   Am
Que eu quero passar
      Dm G7   C
Eu sou da Lira não posso negar
      Dm E7   Am
Eu sou da Lira não posso negar

E7   Am
Ô abre alas!
   E7   Am
Que eu quero passar
E7   Am
Ô abre alas!
   E7   Am
Que eu quero passar
      Dm G7   C
Rosa de Ouro é quem vai ganhar
      Dm E7   Am
Rosa de Ouro é quem vai ganhar

© by Autora (SBAT).

Dicionário de ritmos básicos populares

Adiante são apresentados alguns ritmos básicos, os mais usados atualmente, para você tocar qualquer "batida" de música. Eles são úteis também a estrangeiros que desejam conhecer e tocar os ritmos populares brasileiros.

Quando o teclado é transformado em piano, isto é, quando desligamos os registros de ritmos e baixos automáticos, precisamos executar o ritmo com a mão esquerda.

Os exemplos a seguir são todos em Dó Maior. Os acordes estão posicionados acima da linha e os baixos abaixo da linha. Em vez de cinco linhas, os exemplos estão somente numa linha com os nomes das notas em cada acorde ou baixo.

VALSA
F = Fundamental; BA = Baixos alternados

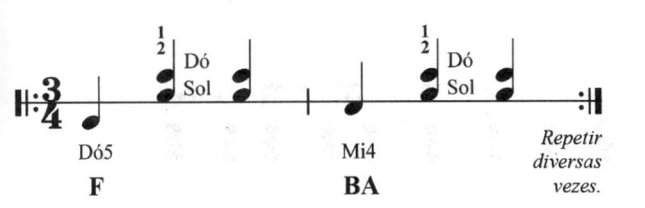

BAIÃO

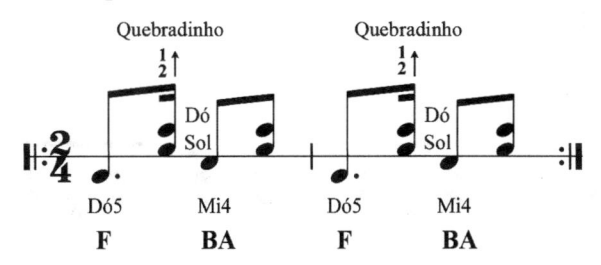

Acordes com 2 barras são chamados de "quebradinho".

CANÇÃO

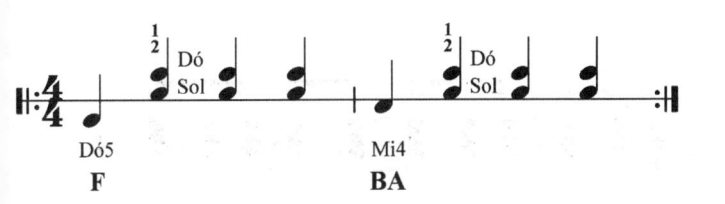

ROCK

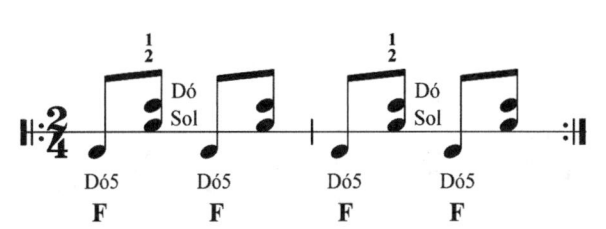

No rock, não temos baixos alternados.

MARCHA

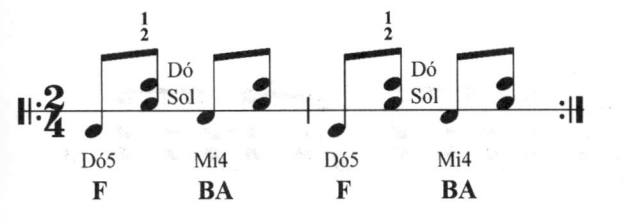

BALADA

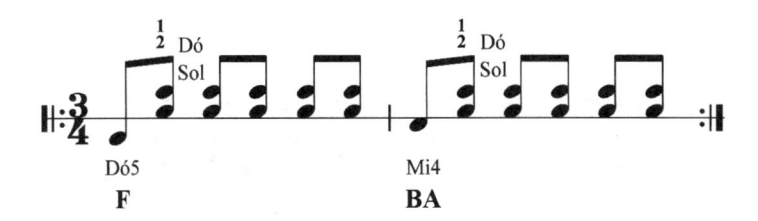

MARCHA-RANCHO

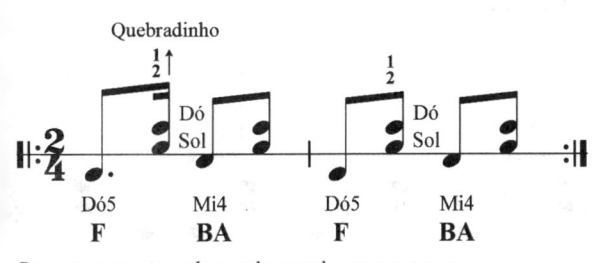

Repare que no ritmo de marcha-rancho um compasso é baião e o outro é marcha.

GUARÂNIA

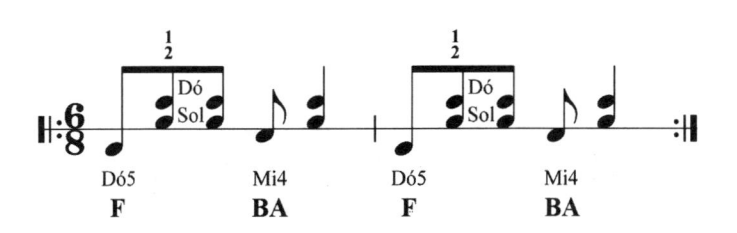

YÊ-YÊ-YÊ

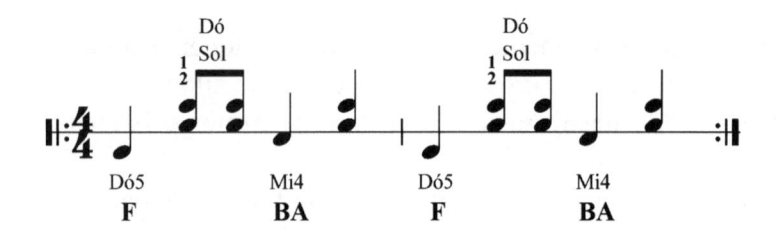

SAMBA-CHORO

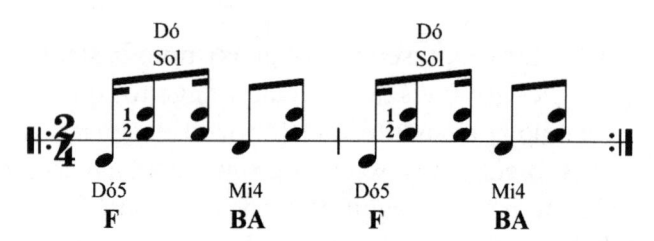

BOLERO

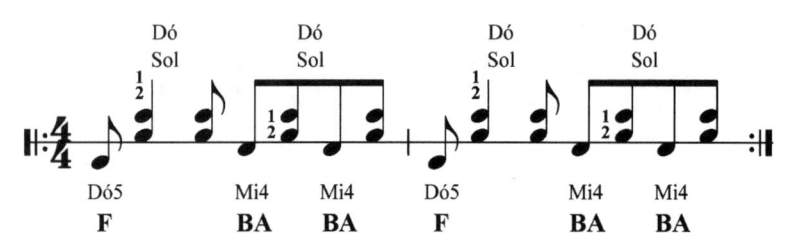

SAMBÃO

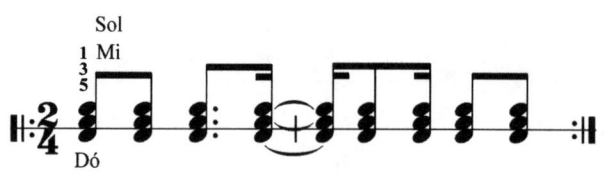

BLUES, FOX e JAZZ

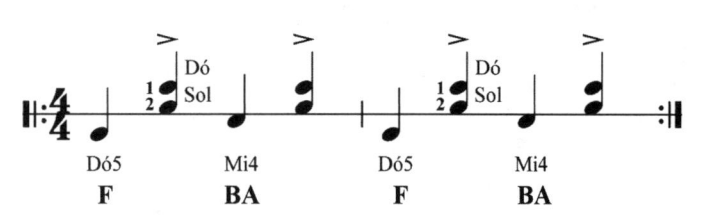

Acentuar bem o 2º tempo e 4º tempo.

BOSSA NOVA (1)

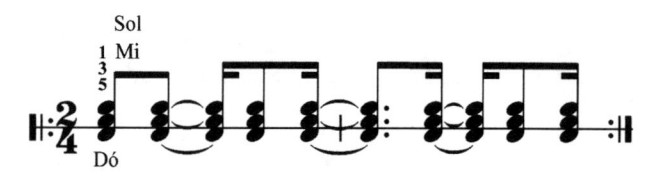

Há diversas formas mais sincopadas.

SAMBA-CANÇÃO

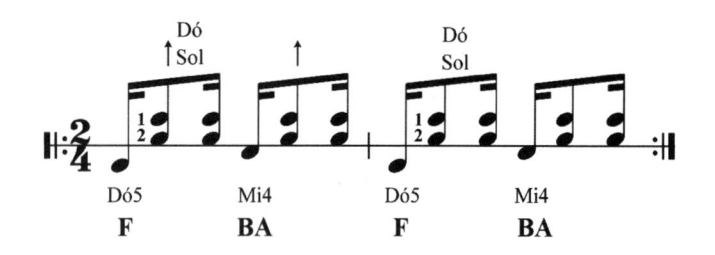

BOSSA NOVA (2)

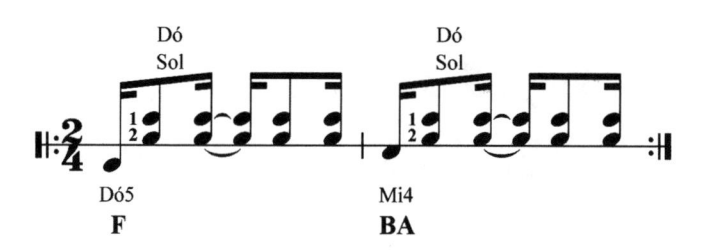

O ritmo da bossa nova revolucionou o mundo inteiro.

SAMBA MODERNO

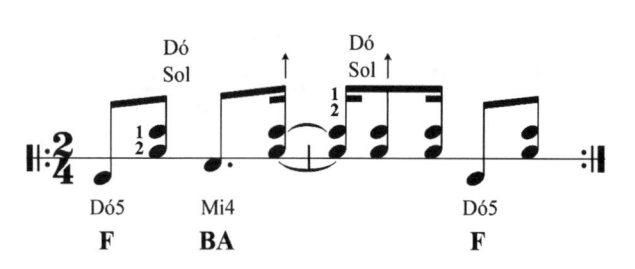

O segredo do samba está nas síncopes.

CHACUNDUM

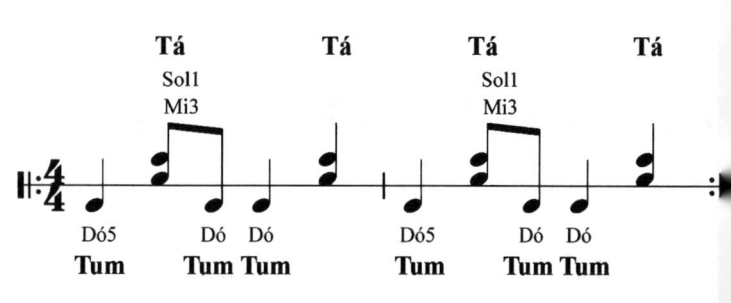

Muito usado na música jovem. Os dois "Tum Tum" devem ser bem firmes.

Dicionário de acordes cifrados para teclado

Mão esquerda

Dó (C)

C	Cm	C5+	Cm5-/7	C6	C7
SOL DÓ MI	SOL DÓ MIb	SOL# DÓ MI	SOLb SIb DÓ MIb	SOL LÁ DÓ MI	SOL SIb DÓ MI

Cº ou Cdim	C7M	Cm7	C9	C9/11+	C13
SOLb LÁ DÓ MIb	SOL SI DÓ MI	SOL SIb DÓ MIb	SOL SIb RÉ MI	SIb RÉ MI FÁ#	LÁ SIb DÓ FÁ

Sol (G)

G	Gm	G5+	Gm5-/7	G6	G7
SOL SI RÉ	SOL SIb RÉ	SOL SI RÉ#	FÁ SOL SIb RÉb	SOL SI RÉ MI	SOL SI RÉ FÁ

Gº ou Gdim	G7M	Gm7	G9	G9/11+	G13
SOL SIb RÉb MI	FÁ# SOL SI RÉ	SOL SIb RÉ FÁ	LÁ SI RÉ FÁ	FÁ LÁ SI DÓ#	FÁ LÁ SI MI

Ré (D)

D	Dm	D5+	Dm5-/7	D6	D7
FÁ# LÁ RÉ	LÁ RÉ FÁ	FÁ# LÁ# RÉ	FÁ LÁb DÓ RÉ	FÁ# LÁ SI RÉ	FÁ# LÁ DÓ RÉ

Dº ou Ddim	D7M	Dm7	D9	D9/11+	D13
LÁb SI RÉ FÁ	FÁ# LÁ DÓ# RÉ	LÁ DÓ RÉ FÁ	FÁ# LÁ DÓ MI	FÁ# SOL# DÓ MI	FÁ# SI DÓ RÉ

Lá (A)

A	Am	A5+	Am5-/7	A6	A7
LÁ DÓ# MI	LÁ DÓ MI	LÁ DÓ# MI#	SOL LÁ DÓ MIb	FÁ# LÁ DÓ# MI	SOL LÁ DÓ# MI

Aº ou Ddim	A7M	Am7	A9	A9/11+	A13
FÁ# LÁ DÓ MIb	SOL# LÁ DÓ# MI	SOL LÁ DÓ MI	SOL SI DÓ# MI	SOL SI DÓ# RÉ#	SOL LÁ DÓ# FÁ#

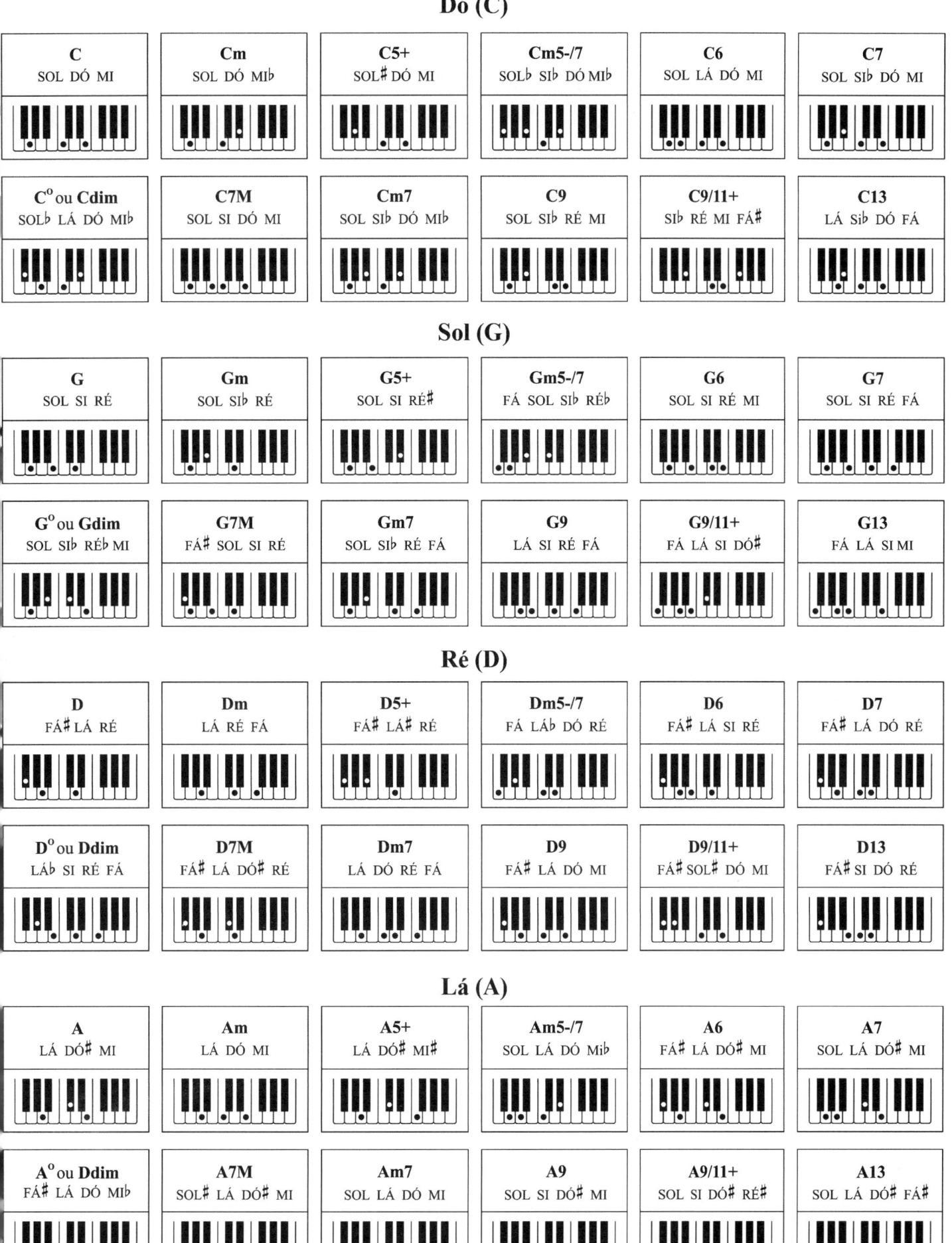

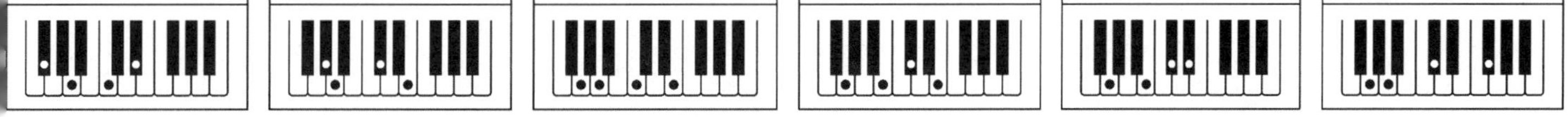

55

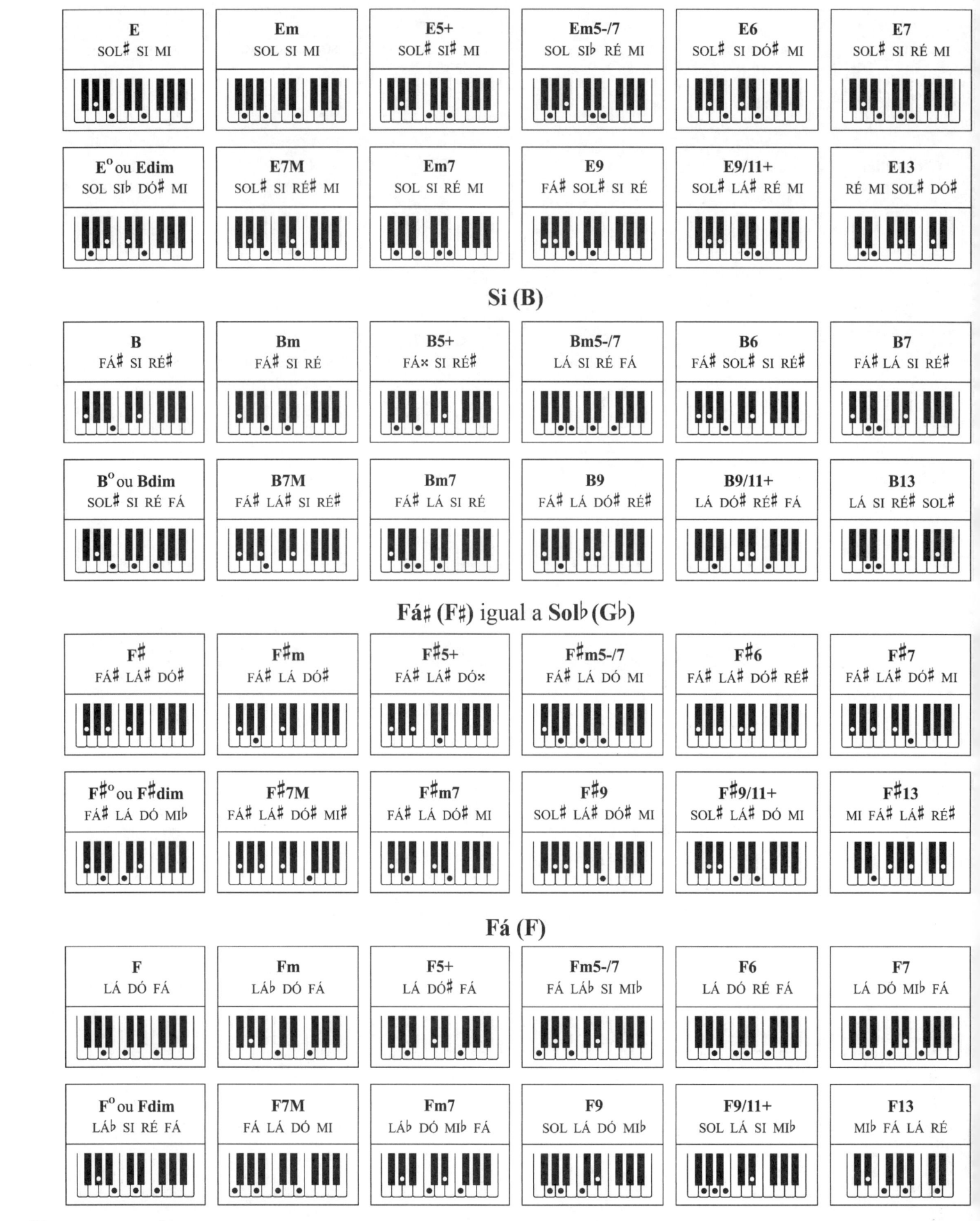

Dicionário de acordes cifrados para teclado

Mão esquerda

Mi (E)

E	Em	E5+	Em5-/7	E6	E7
SOL# SI MI	SOL SI MI	SOL# SI# MI	SOL SIb RÉ MI	SOL# SI DÓ# MI	SOL# SI RÉ MI

E° ou Edim	E7M	Em7	E9	E9/11+	E13
SOL SIb DÓ# MI	SOL# SI RÉ# MI	SOL SI RÉ MI	FÁ# SOL# SI RÉ	SOL# LÁ# RÉ MI	RÉ MI SOL# DÓ#

Si (B)

B	Bm	B5+	Bm5-/7	B6	B7
FÁ# SI RÉ#	FÁ# SI RÉ	FÁx SI RÉ#	LÁ SI RÉ FÁ	FÁ# SOL# SI RÉ#	FÁ# LÁ SI RÉ#

B° ou Bdim	B7M	Bm7	B9	B9/11+	B13
SOL# SI RÉ FÁ	FÁ# LÁ# SI RÉ#	FÁ# LÁ SI RÉ	FÁ# LÁ DÓ# RÉ#	LÁ DÓ# RÉ# FÁ	LÁ SI RÉ# SOL#

Fá# (F#) igual a Solb (Gb)

F#	F#m	F#5+	F#m5-/7	F#6	F#7
FÁ# LÁ# DÓ#	FÁ# LÁ DÓ#	FÁ# LÁ# DÓx	FÁ# LÁ DÓ MI	FÁ# LÁ# DÓ# RÉ#	FÁ# LÁ# DÓ# MI

F#° ou F#dim	F#7M	F#m7	F#9	F#9/11+	F#13
FÁ# LÁ DÓ MIb	FÁ# LÁ# DÓ# MI#	FÁ# LÁ DÓ# MI	SOL# LÁ# DÓ# MI	SOL# LÁ# DÓ MI	MI FÁ# LÁ# RÉ#

Fá (F)

F	Fm	F5+	Fm5-/7	F6	F7
LÁ DÓ FÁ	LÁb DÓ FÁ	LÁ DÓ# FÁ	FÁ LÁb SI MIb	LÁ DÓ RÉ FÁ	LÁ DÓ MIb FÁ

F° ou Fdim	F7M	Fm7	F9	F9/11+	F13
LÁb SI RÉ FÁ	FÁ LÁ DÓ MI	LÁb DÓ MIb FÁ	SOL LÁ DÓ MIb	SOL LÁ SI MIb	MIb FÁ LÁ RÉ

Dicionário de acordes cifrados para teclado

Mão esquerda

Sib (B♭)

B♭	B♭m	B♭5+	B♭m5-/7	B♭6	B♭7
FÁ SI♭ RÉ	FÁ SI♭ RÉ♭	FÁ# SI♭ RÉ	LÁ♭ SI♭ RÉ♭ MI	FÁ SOL SI♭ RÉ	FÁ LÁ♭ SI♭ RÉ

B♭° ou B♭dim	B♭7M	B♭m7	B♭9	B♭9/11+	B♭13
SOL SI♭ RÉ♭ MI	FÁ LÁ SI♭ RÉ	LÁ♭ SI♭ RÉ♭ FÁ	FÁ LÁ♭ DÓ RÉ	LÁ♭ SI♭ DÓ MI	SOL LÁ♭ SI♭ RÉ

Mib (E♭)

E♭	E♭m	E♭5+	E♭m5-/7	E♭6	E♭7
SOL SI♭ MI♭	SOL♭ SI♭ MI♭	SOL SI MI♭	SOL♭ LÁ RÉ♭ MI♭	SOL SI♭ DÓ MI♭	SOL SI♭ RÉ♭ MI♭

E♭° ou E♭dim	E♭7M	E♭m7	E♭9	E♭9/11+	E♭13
SOL♭ LÁ DÓ MI♭	SOL SI♭ RÉ MI♭	SOL♭ SI♭ RÉ♭ MI♭	SOL SI♭ RÉ♭ FÁ	FÁ LÁ SI♭ RÉ♭	RÉ♭ MI♭ SOL DÓ

Láb (A♭) igual a Sol# (G#)

A♭	A♭m	A♭5+	A♭m5-/7	A♭6	A♭7
LÁ♭ DÓ MI♭	LÁ♭ DÓ♭ MI♭	LÁ♭ DÓ MI	SOL♭ LÁ♭ SI RÉ	LÁ♭ DÓ MI♭ FÁ	SOL♭ LÁ♭ DÓ MI♭

A♭° ou A♭dim	A♭7M	A♭m7	A♭9	A♭9/11+	A♭13
LÁ♭ DÓ♭ RÉ FÁ	SOL LÁ♭ DÓ MI♭	LÁ♭ DÓ♭ MI♭ SOL♭	SOL♭ SI♭ DÓ MI♭	SOL♭ SI♭ DÓ RÉ	SOL♭ LÁ♭ DÓ FÁ

Réb (D♭) igual a Dó# (C#)

D♭	D♭m	D♭5+	D♭m5-/7	D♭6	D♭7
LÁ♭ RÉ♭ FÁ	LÁ♭ RÉ♭ FÁ♭	LÁ RÉ♭ FÁ	SOL SI RÉ♭ MI	LÁ♭ SI♭ RÉ♭ FÁ	LÁ♭ DÓ♭ RÉ♭ FÁ

D♭° ou D♭dim	D♭7M	D♭m7	D♭9	D♭9/11+	D♭13
LÁ♭ SI♭ RÉ♭ FÁ♭	LÁ♭ DÓ RÉ♭ FÁ	LÁ♭ DÓ♭ RÉ♭ FÁ♭	FÁ LÁ♭ DÓ♭ MI♭	FÁ SOL SI MI♭	SI♭ DÓ♭ RÉ♭ FÁ

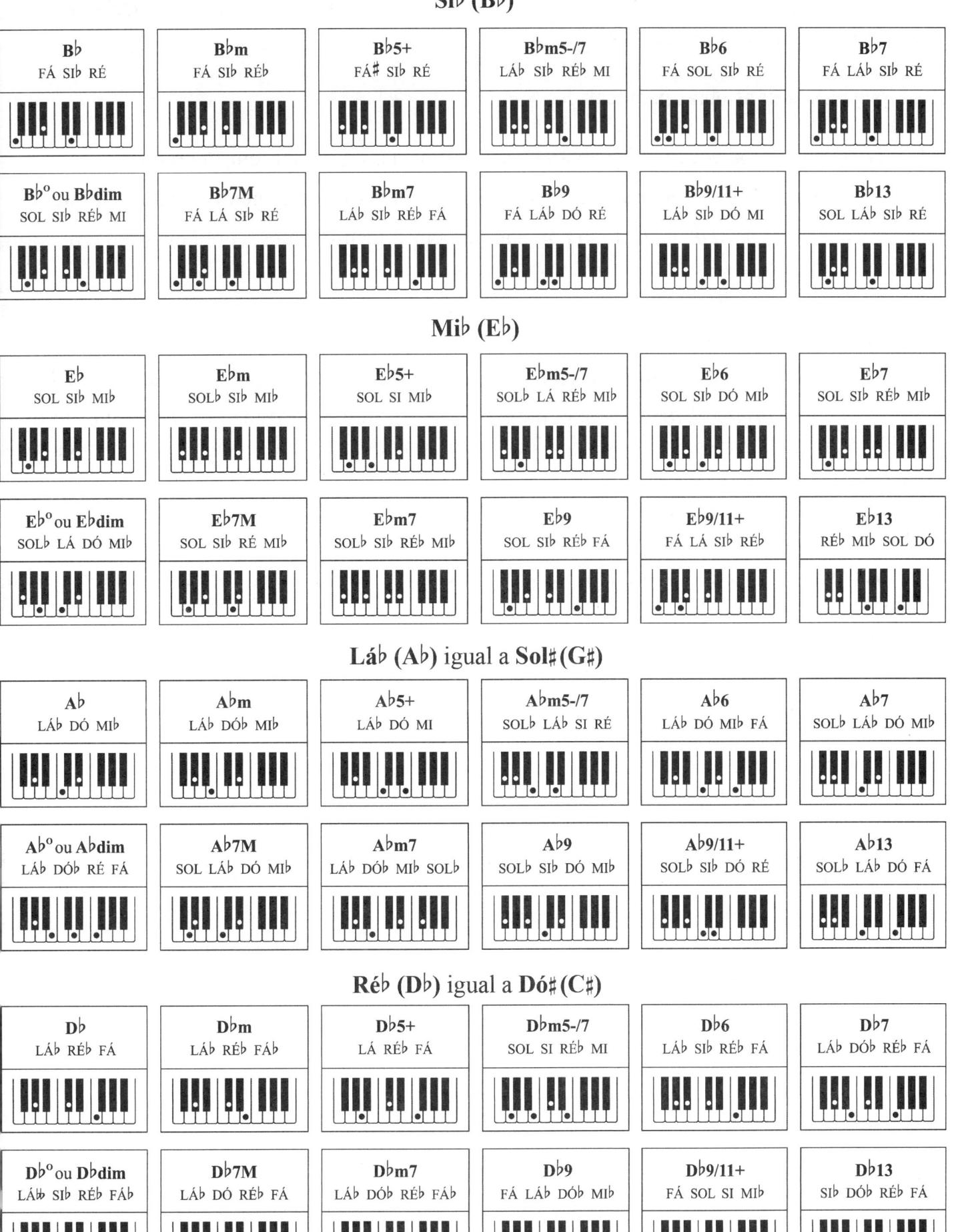

Como encontrar músicas
Faça o seu repertório

Nos livros de Mário Mascarenhas, você encontra o melhor repertório para teclado: MPB, músicas estrangeiras e clássicas facilitadas.

Veja a seguir as obras para teclado:

O melhor da música popular brasileira: 1.000 músicas divididas em 10 volumes.

O melhor da música internacional: as mais belas músicas estrangeiras, temas de filmes etc.

É fácil tocar por cifras: método popular para cinco instrumentos, com belíssimo repertório, ensinando tudo o que você precisa saber sobre cifras.

120 músicas favoritas para piano: em três volumes, com as mais belas músicas clássicas facilitadas. Obra de grande sucesso.

O tesouro do pequeno pianista: com músicas clássicas e folclóricas facilitadas.

Método de órgão eletrônico: obra de grande valor, muito utilizada por tecladistas. O livro é dividido em duas partes: curso básico (fácil) para principiantes e a segunda parte para os mais avançados.

Atenção

Todas as músicas são para piano, ou seja, nas claves de Sol e de Fá. Você deve atentar, porém, somente para a clave de Sol (mão direita) e para as cifras (mão esquerda). Os arranjos deste livro foram feitos dessa forma. Se desejar, use os recursos automáticos do seu teclado.
Estou certo de que você vai se encantar com o repertório.

É fácil tocar por cifras

Adquira ainda o método *É fácil tocar por cifras*. Uma obra para piano popular, com belíssimo repertório, elaborada para quem precisa de mais músicas.

É fácil tocar por cifras foi escrito somente na clave de Sol. O acompanhamento foi apresentado por tecladinhos e gráficos de percussão. Preste atenção apenas nas claves de Sol e toque as cifras pelo "Dicionário de acordes cifrados para teclado" inserido neste *Método rápido para tocar teclado*. Toque os acordes parados com a mão esquerda.

Dados Internacionais de Catalogação na Publicação (CIP)
(Câmara Brasileira do Livro, SP, Brasil)

Mascarenhas, Mário
    Método rápido para tocar teclado de ouvido e por música, 3º volume / Mário Mascarenhas. –
São Paulo : Irmãos Vitale
ISBN 85-85188-16-2
ISBN 978-85-85188-16-0
    1. Música – Estudo e ensino 2. Teclado – Música I. Título

96-3329   CDD-786.07

Índice para catálogo sistemático:

    1. Teclado : Estudo e ensino : Música   786.07
    2. Teclado : Método : Música   786.07